D1747522

V&R

Günter Kusch (Hg.)

Männersachen
15 Werkzeuge für die kirchliche Praxis

Mit 8 Abbildungen

Vandenhoeck & Ruprecht

Das Download-Material zu diesem Buch finden Sie unter:
www.vandenhoeck-ruprecht-verlage.com/Maennersachen

Code für Download-Material:
468*!Yqv

Bibliografische Information der Deutschen Nationalbibliothek:
Die Deutsche Nationalbibliothek verzeichnet diese Publikation in der
Deutschen Nationalbibliografie; detaillierte bibliografische Daten sind
im Internet über https://dnb.de abrufbar.

© 2019, Vandenhoeck & Ruprecht GmbH & Co. KG,
Theaterstraße 13, D-37073 Göttingen
Alle Rechte vorbehalten. Das Werk und seine Teile sind urheberrechtlich
geschützt. Jede Verwertung in anderen als den gesetzlich zugelassenen Fällen
bedarf der vorherigen schriftlichen Einwilligung des Verlages.

Umschlagabbildung: © karnoff – Shutterstock

Abbildungen: S. 35, 51, 60, 115, 135, 144 © Günter Kusch;
S. 69 © Thomas Heinke; S. 87 © Oliver Behrendt

Satz: SchwabScantechnik, Göttingen
Druck und Bindung: ⊕ Hubert & Co. BuchPartner, Göttingen
Printed in the EU

Vandenhoeck & Ruprecht Verlag | www.vandenhoeck-ruprecht-verlage.com

ISBN 978-3-525-63218-5

Inhalt

Vorwort 7

Sag mir, wo die Männer sind 9
Günter Kusch

1 Von spirituellen Stopps und göttlichen Zeiten –
Männergottesdienste 13
Günter Kusch und Karin Ilgenfritz

2 Ausreden lassen ist das erste Gebot – beim Palavern ins
Reden kommen 22
Heinz Brockert

3 Glaubenserfahrungen sind Grenzerfahrungen –
Erlebnispädagogik und Spiritualität 34
Günter Kusch

4 Mann nehme – Kochkurs für Männer 43
Peter Tippl

5 Aufbruch in Richtung Sehnsucht – Männer pilgern 50
Oliver Gußmann

6 Das Leben ist wie ein langer Fluss –
Vater-Kind-Wochenende 59
Oliver Tönshoff und Günter Kusch

7 »Trommle, mein Herz, für das Leben« – Trommelbaukurs   69
Andrea Linhard und Volker Linhard

8 Den Bogen spannen, um loszulassen – Bogenschießen 79
Haringke Fugmann

9 Naturspiritualität als Weg zu Gott – ein Hymnus an
Vater Himmel und Mutter Natur 86
Oliver Behrendt

10 »Baum fällt!« – Rüstzeit mit Motorsägen-Kurs 97
Ralf Schlenker

11 Da ist Hopfen und Malz nicht verloren –
gemeinsam Bier brauen 105
Herbert Kirchmeyer

12 Die eigenen Wurzeln entdecken – Männer-Rüstzeit 114
Günter Kusch

13 Ein Hauch von Adrenalin – Mountainbiken mit
spirituellen Stopps 133
Günter Kusch und Benedikt Herzog

14 »ewigleben« – Sargbauseminar 143
Günter Kusch

15 »Man(n) trifft sich« – Männertreffs 152

   15.1 Orient trifft Okzident – ein christlich-muslimischer
   Männertreff (Raimund Kirch) 152

   15.2 »Man(n) trifft sich« – endlich auch mal seinen Senf
   dazugeben (Raimund Kirch) 158

   15.3 Beschreibung des Projektes »Man(n) trifft sich« im
   Rahmen der Evangelischen Männerarbeit in Bayern
   (Volker Linhard) 161

Von Männerwelten und Kirchenwelt – Brauchen Männer
eine eigene Theologie? Braucht Kirche eine männerspezifische
Sichtweise? 173
Reiner Knieling

Echte Begegnung auf Augenhöhe ermöglichen 181
Volker Linhard

Vorwort

In der Kirche sind wir die eine große Gemeinde Jesu Christi – alle gemeinsam mit unseren je unterschiedlichen Begabungen und Neigungen, mit unseren unterschiedlichen Geschlechtern und in unseren verschiedenen Lebenssituationen: Die Jungen und Alten, die Familien, die Singles, die Männer und die Frauen.

Wir sind eine große Gemeinde und doch hat jeder besondere Wünsche und Bedürfnisse, Vorstellungen und Präferenzen. Daher ist es gut und ein Segen, dass wir in unserer Kirche neben den Angeboten, die sich unterschiedslos an alle richten, auch ganz spezifische und spezielle Angebote für die verschiedenen Gruppen und Kreise haben.

Ein spezielles und sehr segensreiches Angebot richtet sich ganz konkret an die Männer in unseren Gemeinden. Und nicht nur Männer in kirchlichen Kreisen spricht es an. Auch weit darüber hinaus. In der vorliegenden Publikation kann man etwas über diese besonderen Angebote und deren Wirkung erfahren.

Es sind 15 bewährte Ideen für die Männerarbeit in den Kirchengemeinden, die ganz unterschiedliche Dimensionen ansprechen. Vieles, was auch für mich beim Lesen neu und inspirierend war: das Männerpalaver, eine Männerrüste und ein erfolgreicher Kochkurs für Männer.

Es freut mich, dass die Evangelische Männerarbeit in Bayern, die seit 2019 unter dem Titel »forum männer« agiert und hauptsächlich von Ehrenamtlichen getragen wird, so innovative Ideen entwickelt, um Männern in unserer Kirche Räume zu eröffnen: für Gespräche auf Augenhöhe, für Themen, die MANN am besten einmal unter Männern bespricht und für geistliche und spirituelle Angebote mit »männlichem Touch«.

Aktuelle Diskussionen kommen dabei nicht zu kurz – ich denke an die Beziehung von Vätern zu ihren Kindern, die Vereinbarkeit von Familie und Beruf oder den Übergang in den Ruhestand. Aber auch Themenfelder, die auf den ersten Blick fast abschreckend und schockierend wirken können wie der Sargbau, kommen in der Männerarbeit vor. Damit werden auch (vor allem bei Männern) tabuisierte Themen wie Tod und ewiges Leben in der Männerarbeit nicht außen vor gelassen. So kann dabei auch manch »schwere Kiste« bei solchen Seminaren endlich einmal besprochen werden.

15 bewährte Ideen für die Männerarbeit, welche Vielfalt: Sie reicht von sportlichen Angeboten, bei denen Männer an ihre Grenzen kommen, bis hin zu einer gelungenen Verbindung von Biografiearbeit und Handwerk. Es stimmt schon, Männer kommen dann ins Reden, wenn sie gemeinsam etwas tun, Schulter an Schulter werkeln, um dann am Ende stolz auf ihr Werk zu blicken. Ganz nebenbei kommt das eigene Leben aufs Tablett, die eigene Geschichte wird wahrgenommen und reflektiert.

Das »forum männer« macht Angebote ohne Betreuungscharakter. Es bietet Mitmach- und Mitdenkräume. Es berät Gemeinden, was Mann bei Kirche braucht. Und das sind in erster Linie Freiräume zur Gestaltung. Männer wünschen sich eine Kirche auf Augenhöhe, in der sie selbst aktiv werden können. Ob Mountainbike-Schnupperkurs mit spirituellen Impulsen, Kochkurse und Männertreffen bis hin zu Pilgertagen und Männersonntagen: Dass diese Angebote so gefragt sind, zeigt, dass Männer an christlichen Fragen und an theologischen Themen überaus interessiert sind.

So wünsche ich dem »forum männer« weiterhin viel Fantasie für beGEISTernde Formate, die ihren Glauben in Bewegung halten und dafür sorgen, dass Männer aktive Teilhaber einer ausstrahlungsstarken Kirche sind, bleiben und werden.

Landesbischof Heinrich Bedford-Strohm

Sag mir, wo die Männer sind …

Günter Kusch

Vater-Kind-Tage, Pilgern und Angebote in der Natur sind gefragt. Wie man(n) in Sachen Männerarbeit so richtig Dampf macht.

Bei meinen Vorträgen, Beratungen und Gesprächen in Gemeinden oder bei Pfarrkonferenzen sorgt ein Bügeleisen immer wieder für hitzige Debatten. »Ein Bügeleisen eigens für Männer, was soll der Quatsch?«, lässt einer der Zuhörer so richtig Dampf ab. Und er hat ja recht: Das erste Bügeleisen für Männer, entwickelt von Philips vor mehr als zehn Jahren, war wohl einer der größten Flops in der Geschichte dieser Firma. Einerseits erkannte das Unternehmen einen Trend: Die Rollen von Männern und Frauen unterscheiden sich. Auf der anderen Seite kann ein Modell oder Format, das viele Jahre – in erster Linie – für Frauen funktioniert hat, nicht einfach – unter neuer Überschrift – für Männer angeboten werden. Auch in der Kirche klappt das nicht.

Zahlreiche Artikel in renommierten Zeitungen zu Männerthemen zeigen, dass aktuell wieder über Rollenbilder, Geschlechterdifferenzen und Gender diskutiert wird. So viele Männermagazine wie heutzutage gab es noch nie. Nicht nur für diese Publikationen sind Fragen der Gleichberechtigung, von Emanzipation und Inklusion en vogue, auch Firmen und Betriebe entdecken das Miteinander und die Begegnung der Geschlechter auf Augenhöhe, zum Beispiel die Vereinbarkeit von Familie und Beruf, ganz neu. Und auch innerhalb der Kirche macht man sich Gedanken, wie man Männer in den Gemeinden besser erreichen könnte. Allein der Blick in aktuelle Gemeindebriefe zeigt, dass es kaum Angebote für Männer gibt. So stellt sich die Frage: Werden Männer in der Kirche zur Minderheit oder sind sie es gar schon? Welche Themen treiben sie um? Mit welchen Veranstaltungen könnte man Kirche für sie wieder attraktiver machen?

Wer die Angebote einer Kirchengemeinde unter die Lupe nimmt, merkt mitunter: Gemeinden strahlen einen starken Betreuungscharakter aus. Sie machen Angebote, zum Beispiel für Kinder und Alte, aber sie bieten zu wenig Mitmachräume. Aus der Männerarbeit weiß ich: Männer möchten Freiräume zur Gestaltung. Sie wollen eine Kirche auf Augenhöhe, in der sie selbst aktiv werden können – keine Betreuungsgruppen, in denen sie etwas vorgesetzt bekommen. Das Motto für interessante Angebote lautet: »Männer, ihr habt die Regie!«

Um Männer anzusprechen, müssen sich Formen kirchlicher Arbeit wandeln und sich an der Lebenslage von Männern orientieren. In welchen Sozialräumen sind sie anzutreffen? Männer sind zum Beispiel gerne in Bewegung und gemeinsam unterwegs. Im mittleren Alter sind sie meist beruflich stark eingebunden und suchen einen Ausgleich zum Stress und Leistungsdruck. Wanderungen, gemeinsame Pilgerwege und andere spirituelle Angebote wie Tage im Kloster nur für Männer kommen vielerorts gut an. Gespräche über die eigene Lebenssituation sowie über Gott und die Welt ergeben sich dann zwanglos am Rande.

Die eigene Geschichte wahrnehmen – dies geschieht zudem bei Angeboten wie »Man(n) trifft sich«, bei biografischen Schreibwerkstätten, aber auch bei Bibelgesprächen. So kann bei speziellen Männerrunden ganz offen über Themen wie »Partnerschaft«, »Vereinbarkeit von Beruf und Familie«, »Mobbing«, »Burn-out«, »Gesundheit«, »Alter«, »Umbrüche und Krisen« oder »Verlust des Partners« gesprochen werden. Bei Bibelgesprächen oder Männergottesdiensten werden Lebensgeschichte des Menschen und Verheißung Gottes miteinander »versprochen«[1]. Jeder dritte Sonntag im Oktober ist deutschlandweit zum Beispiel Männersonntag. Hier kann es in Gemeinden ein eigenes Angebot geben, von Männern erarbeitet und durchgeführt.

---

1 Vgl. Ernst Lange: Zur Theorie und Praxis der Predigtarbeit. Bericht von einer homiletischen Arbeitstagung; September 1967 – Esslingen (PSt(S.).B I), hg. von Ernst Lange u. a., Stuttgart 1968, S. 25.

Das »forum männer« in Bayern setzt mehrere Schwerpunkte. So gibt es Fortbildungen und Seminare mit Tipps zur Gründung von Männertreffen oder zur Vorbereitung von Pilgertagen. Eröffnet werden aber auch Erfahrungsräume mit erlebnispädagogischen Angeboten. Gerade bei Pilgertagen spüren die Männer, wie Körper, Geist, Natur und Gemeinschaft in Einklang kommen und dass diese Form des spirituellen Gehens der Besinnung auf das Wesentliche und damit auf Gott dienen kann. Ein weiteres Augenmerk der Männerarbeit liegt bei Angeboten für Väter und ihre Kinder. Und es gibt Rüstzeiten, bei denen Männer zur Ruhe kommen, auftanken und neue Kraft schöpfen können.

Gerade die Vater-Kind-Arbeit kann ein hervorragender Ansatz für den Gemeindeaufbau sein. Geht es doch ums Vatersein und die damit verbundenen Rollenbilder, die stark im Wandel begriffen sind – bei Männern und Frauen. Die Begegnung mit ihren Kindern wird für Väter immer wichtiger. Sie wollen nicht mehr nur abwesender Ernährer sein. Viele suchen die Nähe zum Kind, möchten die Entwicklung ihrer Söhne und Töchter hautnah erleben und ihnen – den Rücken stärkend – zur Seite stehen.

Interessant ist in diesem Zusammenhang unter anderem der »Väterreport« vom Bundesministerium für Familie, Senioren, Frauen und Jugend aus dem Jahr 2018[2]. Im Vorwort schreibt Dr. Franziska Giffey, Bundesministerin für Familien, Senioren, Frauen und Jugend: »Vaterschaft verändert sich: Väter heute haben ein neues Selbstverständnis. Sie wollen sich aktiv und auch im Alltag um ihre Kinder kümmern. Gerade junge Paare wollten auch als Eltern gleichberechtigt leben.« Und es ist ja tatsächlich so: Väter erziehen und betreuen ihre Kinder heute mehr als sie es von ihren eigenen Vätern kennen. Sie wünschen sich vielfach noch mehr Zeit für die Familie und wollen auch nach einer möglichen Trennung für ihre Kinder da sein. Studien zeigen, wie Franziska Giffey betont: »Eine enge Beziehung zum Vater ist gut für die Entwicklung von Kindern. Es ist ein wichtiger Fortschritt, dass Väter in den letzten Jahrzehnten zunehmend eine aktive Rolle einnehmen und dass Vatersein eine ge-

---

2 Bundesministerium für Familie, Senioren, Frauen und Jugend (Hg.): Väterreport. Vater sein in Deutschland heute, 3. Aufl. Berlin 2018.

sellschaftliche Aufwertung erlebt hat: Aktive Vaterschaft gilt laut der Internationalen Arbeitsorganisation (ILO) als eine der wichtigsten gesellschaftlichen Veränderungen des 21. Jahrhunderts.«

Diese Ergebnisse zeigen, dass es einen weiteren Schwerpunkt der Männerarbeit braucht: das politische Engagement. Eine Frage der Zukunft nämlich lautet: Wo kann und müssen Gesellschaft, Politik, Unternehmen und auch Kirche noch väterfreundlicher und somit auch familien- und kinderfreundlicher werden? Um noch einmal das Bild vom (Männer- oder Frauen-)Bügeleisen aufzunehmen: Bei diesem Thema sollten beide Geschlechter kräftig Dampf machen!

Auch das Buch »Männersachen« will Dampf machen – mit 15 Formaten, die »Mann« unbedingt erlebt haben muss. Die Autoren und Autorinnen, denen ich an dieser Stelle ganz herzlich für ihr Engagement danke, und ich wünschen den Lesern und Leserinnen jedenfalls, dass sie in Sachen Männerarbeit ganz viele neue Seiten entdecken und diese vor Ort »aufblättern« können. Ein herzliches Dankeschön geht an dieser Stelle an Jana Harle, die als Lektorin des Verlags dieses Buchprojekt sorgfältig begleitet hat. Ihr aufmerksames Lesen, kritisches Korrigieren, engagiertes Ergänzen und ihre vielen Anregungen waren ungemein hilfreich und weiterführend! Danke!

Ihr Günter Kusch

1 Von spirituellen Stopps und göttlichen Zeiten – Männergottesdienste

Günter Kusch und Karin Ilgenfritz

Beim Männergottesdienst am dritten Sonntag im Oktober stehen die Herren der Schöpfung im Mittelpunkt.

Etwas nervös sind sie an diesem Morgen schon. Bekannte Gesichter ziehen an ihnen vorbei, hinein in die Kirche, wo heute Männersonntag gefeiert wird. Herbert, Andreas und Sven haben den Gottesdienst vorbereitet. Sie stehen am Eingang und begrüßen die Besucher. Ihr Pfarrer wird sich heute »nur« um die Liturgie kümmern. Gebete, Lieder und Bibeltexte haben die drei Männer ausgewählt. Und nicht nur das – predigen dürfen sie auch noch. Das Thema war vorgegeben. Ausgewählt wird es jedes Jahr von der Männerarbeit der EKD. In 2018 lautet es: »Das Gute behaltet – Beweglich Bleiben«.

Bei den fünf Vorbereitungstreffen haben sie kräftig diskutiert. Was ist das eigentlich, das Gute im Leben? Ist das für jeden Menschen dasselbe? Und was hat das Ganze mit Gott zu tun? Herbert erzählt, dass seine berufliche Laufbahn im Prinzip von Geburt an feststand. Als Sohn musste er den Bäckereibetrieb seines Vaters übernehmen. Seine »unternehmerische Karriere« entwickelte sich dann aber nicht so, wie er es sich vorgestellt hatte. Wirtschaftliche Probleme in allen Bereichen, konjunkturelle Veränderungen, letztlich die Insolvenz – »wie bitte hätte ich da das Gute behalten können?«, fragt Herbert. Er musste einen neuen Weg suchen, um die Familie zu ernähren. »Ich lernte, Ruhe in mir zu finden, um nachdenken zu können«, fügt der 62-Jährige hinzu. Er fand sie schließlich in der Meditation, im Gebet – im Gespräch mit Gott.

»Um das Gute zu behalten, braucht es immer auch Kehrtwenden«, meint Andreas. Er hat einige biblische Männer näher unter die Lupe genommen, um herauszufinden, wie sie sich entschieden haben, als sie an einer Lebenswende standen. In der Bibel ist an solchen Stellen oft von *krisis* die Rede, wobei Krisen als Zäsur und Möglichkeit des Wachstums verstanden werden. »Innere Wandlung und Veränderung sind meistens das Ergebnis einer überwundenen Krise«, bringt es der 35-Jährige auf den Punkt. Es gebe sogar ein chinesisches Schriftzeichen dafür, das man mit »Gefahr«, aber auch mit »Chance« übersetzen kann. Und es stimmt ja: Krisen können gefährlich enden oder eine positive Wendung erhalten.

Im Gottesdienst am Männersonntag erzählt Andreas von Mose. »Er steckte in einer echten Krise«, sagt er. Heute würde man wohl von Burn-out sprechen. Was war Mose doch für ein Heißsporn – in jungen Jahren? Er will die Welt verändern und legt sich mit der Staatsmacht an. Und dann: der beschwerliche Weg aus Ägypten, die murrenden Israeliten, die großen Hoffnungen, die sich nicht erfüllen. Mose kommt an einen Wendepunkt, ist am Ende mit seiner Kraft und will nicht mehr leben. »Warum legst du diese Last auf mich?«, ruft er zu Gott. Und: »Ich möchte am liebsten sterben.« Doch Gott hilft – mitunter sind Wendezeiten eben göttliche Zeiten.

Andreas bleibt an diesem Sonntag nicht bei Mose, sondern betont, dass ihm ähnliche Gedanken durch den Kopf gegangen sind, als sein Chef ihm Aufgaben übertrug, die ihn letztlich überfordert haben. Doch er gab es nicht zu, dass die Arbeit zu viel für ihn sei, und versuchte es stattdessen mit Durchmogeln. »Irgendwie werde ich das schon schaffen«, dachte er: »Bloß keine Schwäche zeigen«, setzte den Auftrag dann aber in den Sand. Mose sei ihm zum Vorbild geworden, unterstreicht Andreas an diesem Vormittag vor rund 150 Gemeindegliedern: »Er schätzte seine Grenzen realistisch ein und spricht sie offen aus.« Mose habe die Heldenrolle abgelegt und um Hilfe gerufen. Er legte einen spirituellen Stopp ein, wendete sich zu Gott im Gebet und tankte neue Kraft. Nachdem Gott ihm eine Mannschaft zur Seite gestellt hat, wandelte er sich vom Einzelkämpfer zum Teamplayer. »Auch das gehört zum Mannsein«, betont Andreas: »Versagen zugeben und Verantwortung abgeben!«

»Gibt es Entscheidungshilfen, um das Gute zu finden?«, will Sven wissen und schaut dabei in ratlose Gesichter. In der Kirche herrscht gespannte Aufmerksamkeit. Mit Mikrofon in der Hand geht er zu den Gemeindegliedern. Eine junge Frau meldet sich zu Wort: »Oft sind es Einstellungen und Werte, die mir meine Eltern mitgegeben haben, um eine Entscheidung zu treffen.« Ein Konfirmand bringt stolz sein aktuelles Wissen ein: »Dafür hat uns Gott doch die Zehn Gebote gegeben – da steht alles drin.« Ein Herr in der Mitte erinnert daran, dass der Paulus-Satz im Ganzen betrachtet werden muss: »Darum prüfet alles – trau Dich auch einmal, Neues auszuprobieren.« Christen seien schließlich weltoffene Menschen. »Um gute Entscheidungen zu treffen, darf man Experimente wagen«, fügt er hinzu.

Nach dem Gottesdienst gibt es noch ein Weißwurstfrühstück, zu dem die ganze Gemeinde eingeladen ist. Das Vorbereitungsteam steht für Rückfragen zur Verfügung. Ob sie nicht aufgeregt waren, will jemand wissen. Bewunderung wird geäußert wegen der persönlichen Statements. Die Ehrlichkeit und Offenheit hat viele berührt. Diskutiert wird über Rollenbilder, mit denen Männer und Frauen aufwachsen. »Auch hier sollten wir beweglich bleiben«, meint eine Gottesdienstbesucherin und nimmt noch einmal das Jahresthema auf. »Bereichernd war es allemal, so viele Männer im Gottesdienst zu erleben, weil sie sich doch in der Gemeinde eher rarmachen«, stellen einige fest.

»Diese Erfahrung steht auch heute noch hinter der Idee des Männersonntags«, sagt Martin Rosowski im Interview. »Die Männer ziehen sich mehr und mehr aus dem kirchlichen Leben zurück«, betont der Geschäftsführer der Männerarbeit der EKD in Hannover. Mit dem geistlichen Angebot, immer am dritten Sonntag im Oktober, wolle man aber nicht in erster Linie mehr Männer in die Gotteshäuser locken, sondern auch Raum für Männerthemen geben und die Gelegenheit bieten, »mit Männern neu ins Gespräch zu kommen«, erläutert Rosowski. Nach dem Gottesdienst stehen dann meist weitere Angebote auf dem Programm wie Frühschoppen, Wanderungen, ein Männerpalaver oder ein gemeinsamer Pilgerweg.

Männersonntage gibt es schon seit 1946. »Damals sollte traumatisierten Männern wieder Mut gemacht werden«, blickt Rosowski zurück. Nach dem Krieg seien die Männer noch zu hunderten in diese speziellen Gottesdienste gekommen, »wo sie in ihrer schwierigen Lage nach Hilfe suchten«. Im Lauf der Jahrzehnte hat sich seine Bedeutung dann gewandelt. So wurde er in den 1970er-Jahren als »Sonntag der öffentlichen Verantwortung« gesehen. Inzwischen liegt die Betonung wieder auf den Männern. Jens Janson, Referent der EKD-Männerarbeit, versteht ihn durchaus auch als missionarische Möglichkeit. Mit einem eigenen Werkheft versuchen er und sein Redaktionsteam jedes Jahr Themen aufzunehmen, »mit denen sie direkt angesprochen werden.« Die vielen Ideen und Anregungen für die Praxis helfen sicherlich auch, dass sich bei der Vorbereitungsgruppe die Nervosität in Grenzen hält.

Zehn Tipps zur Umsetzung

1. Der Männersonntag sollte über Jahre hinweg immer zur gleichen Zeit gefeiert werden – auch unabhängig vom »offiziellen« Männersonntag am dritten Sonntag im Oktober. Dadurch wird er zur festen Institution – Gemeindebrief-Macher fragen dann automatisch: »Welches Thema habt ihr denn dieses Mal auf der Pfanne?«
2. Wer einen ökumenischen Männersonntag anbieten will, kann – mit Rücksicht auf die katholischen Partner – auch auf einen Samstagabend ausweichen. Schön ist es, wenn der Gottesdienst jährlich im Wechsel in der evangelischen oder katholischen Kirche stattfindet.
3. Es ist wichtig, die nötigen Personen frühzeitig einzubeziehen: den Organisten, ggf. den Pfarrer für die Liturgie, den Mesner und vielleicht sogar Konfirmanden, die sich beim Gottesdienst mit einbringen.
4. Als roter Faden eignet sich das Jahresthema der Männerarbeit, das jeweils im März des Vorjahres seitens der EKD-Männerarbeit festgelegt wird. Infos dazu findet man zum Beispiel auf www.maenner-online.de oder auf der Homepage der Evangelischen Männerarbeit in Bayern.
5. Frühzeitig sollte in der Tagespresse, in Gemeindebriefen, auf der Homepage, bei Facebook und bei den Männertreffs des Dekanats für den Gottesdienst geworben werden. Plakate und Handzettel ergänzen eine gute Werbung. Am besten funktioniert die Mund-zu-Mund-Propaganda.

6. In der Gestaltung des Gottesdienstes sollten die Männer stets freie Hand haben: Eine Band kann engagiert werden, ein Solist, ein professioneller Schauspieler oder Pantomime, der die biblischen Texte gestalterisch umsetzt. Auch Elemente des Bibliodramas oder Mitwirkende eines Improvisationstheaters können für spannende Momente sorgen.
7. Ob es ein Gottesdienst nur für Männer wird oder ein Angebot, das diesmal allein die Männer verantworten und die ganze Gemeinde eingeladen ist, bleibt dem Vorbereitungsteam überlassen. Möglich ist beides. Eine interessante Variante kann sein, Männer aus (noch immer) »typischen« Männerberufen den Gottesdienst gestalten zu lassen. Feuerwehrleute oder Polizisten, Fußballer oder Kfz-Mechatroniker bringen mitunter ungewohnte Sichtweisen und Akzente mit ein.
8. Das Jahresthema der Männerarbeit kann schon vor dem Männersonntag bei Gesprächskreisen, Diskussionsrunden und Männertreffs besprochen werden. Manchmal ergeben sich daraus gute Ideen für den folgenden Gottesdienst.
9. Im Anschluss an den Gottesdienst wird oft ein Frühschoppen oder Mittagstisch angeboten: Grillen, Weißwürste, frisch gebackene Brote, die Kochgruppe der Gemeinde tischt auf ...
10. Schön, wenn aus diesem Tag ein Gemeindefest wird oder sich ein Pilgertag für alle anschließt. Auch ein Männerpalaver nach dem Frühschoppen kann als Abschluss dienen (siehe Kapitel 2).

Hinweise

In jedem Jahr erstellt die Männerarbeit der EKD (www.maennerarbeit-ekd.de oder www.maenner-online.de) ein Werkheft zum Männersonntag zu einem Jahresthema. Diese Werkhefte sind zu bestellen unter info@maennerarbeit-ekd.de. Sie stellen ein freies Angebot dar und beinhalten theologische Reflexionen zum Thema, inhaltliche Einführungen, einen Gottesdienstentwurf mit Predigt, Vorschläge für einen Männertreff u. v. m.

Die Themen der letzten Jahre:
- 2020 »Im Schweiße deines Angesichts« (Genesis 3,19) Das ist es mir wert
- 2019 »Gott liebt Gerechtigkeit – wofür es sich zu kämpfen lohnt« (Psalm 33,5)
- 2018 »Das Gute aber behaltet« – Beweglich bleiben (1. Thessalonicher 5,21)
- 2017 Gnade … womit habe ich das verdient? (1. Korinther 15,10)
- 2016 »Und ob ich schon wanderte« … sich von seiner Sehnsucht finden lassen (Psalm 23,4)
- 2015 »… auf dass ihr heil werdet« (Philipper 2,12) – Männer zwischen Risiko und Sicherheit
- 2014 »Wunderbar gemacht« … (Psalm 139,14) – Männer Körper Leben
- 2013 Bis hierher! Aufrecht gehen und ihr werdet leben (Jesaja 55,3)
- 2012 »Was nennst du mich gut?« (Markus 10,18) – Männliche Vorbilder und vorbildliche Männer
- 2011 »… in den Schwächen mächtig?« (2. Korinther 12,9) – Männer zwischen Macht und Ohnmacht
- 2010 »Vater und Mutter ehren?« (2. Mose, 20,12) – Leben in Würde für Jung und Alt
- 2009 »… in ein Land, das ich dir zeigen will« (Genesis 12,1) – Männer in Bewegung

Der Männersonntag findet jährlich am dritten Sonntag im Oktober statt. Pfarrer (und Pfarrerinnen), Männergruppen (sofern vorhanden) und Interessierte setzen sich beizeiten zusammen, bilden eine Vorbereitungsgruppe und entwerfen gemeinsam den Ablauf des Gottesdienstes – entweder frei oder auf der Grundlage des Jahresthemas. Männer, die aufgrund ihrer Funktion oder ihres Berufes Bereicherndes beitragen können – Umweltbeauftragte eines Unternehmens, Altenbeauftragte, Ärzte, Manager, Politiker etc. –, sollten gezielt angesprochen werden. Das Thema wird inhaltlich diskutiert und theologisch reflektiert. Entscheidend ist, dass Männer sich ihren Raum nehmen, ihre eigenen Anliegen einbringen und die ihnen entsprechende Form der Gottesdienstgestaltung wählen.

Durchführung eines Männersonntags

Der Männersonntag ist ein Gruppengottesdienst. Er sollte in der Kirche stattfinden. Je nach Thema bieten sich auch andere Lokalitäten an. Das senkt die »Hemmschwelle«. Powerpoint-Präsentationen, gespielte Szenen, musikalische Improvisationen, Dialoge von unterschiedlichen Plätzen des Raumes u.v.m. machen den Gottesdienst interessant und lebendig.

Zur musikalischen Unterstützung wird neben der Orgel oft ein Männerchor, der Posaunen- oder ein alternativer Bläserchor (z. B. Jagdhornbläser), ein Feuerwehr-Musikzug, ein Handwerkerchor oder eine sonstige gemeindliche Musikgruppe zur musikalischen Untermalung herangezogen. Die gesamte Liedauswahl sollte auf Männerstimmen Rücksicht nehmen.

Möglicher Ablauf eines Gottesdienstes am Männersonntag

- Beschwingte Musik zu Beginn (Band, Männerchor oder Saxofon)
- Begrüßung: Unser Gottesdienst am Männersonntag beginne im Namen des Vaters, des Sohnes und des Heiligen Geistes. Das Männerteam, das diesen Gottesdienst vorbereitet hat, begrüßt Sie recht herzlich mit dem diesjährigen Jahresthema … *(mit drei Sätzen erläutern).*
- Lied
- Sprechmotette: Drei Männer verteilen sich im Kirchenschiff, musikalische Einleitung mit einem kurzen Fanfarenstoß (Trompete oder Posaune). Die drei Sprecher legen jeweils das Jahresthema persönlich und mit eigenen Worten aus. Dazwischen immer wieder der Fanfarenstoß.
- Lied
- Gebet

> BEWEGEN
> Wir machen uns auf den Weg.
> Wir schauen nach vorne und lassen uns beflügeln.
> Von der Hoffnung und der Sehnsucht, die uns trägt.
> Schritt für Schritt, mühsam, Kräfte zehrend.
> Das Ziel scheint weit weg, und doch bist DU nahe.

BEGEGNEN
Unterwegs begegne ich den anderen.
Wir tauschen uns aus und regen uns an.
Selbsterkenntnis wächst im Dialog mit dem Du.
Kameradschaft und Beziehungen schenken neue Kraft.
Gastfreundschaft und offene Türen verbinden.
Du schenkst uns Hoffnung und Zuversicht.

ANKOMMEN
Ich möchte mich jetzt hinsetzen und ausruhen.
Eine warme Dusche. Ein gutes Essen.
Wohlige Zufriedenheit breitet sich aus.
Bereichere mein Dasein mit der Fülle Deines Geistes.
Du schenkst mir Segen und die nötige Ruhe bei dir.
Amen.

- 12-minütige Predigt zum jeweiligen Jahresthema
- Lied
- Fürbitten
- Segenszuspruch – evtl. mit Salbung am Altar

Barmherziger Gott.
Sehnsucht ist die Brücke zwischen dir und mir.
Schenke mir Momente der Stille,
um dein Wort zu hören.
Schenke mir Momente der Einkehr,
um mich wieder auszurichten auf dich.
Barmherziger Gott.
Der Weg ist das Ziel.
Hilf mir, Abschied zu nehmen
und neu aufzubrechen,
wenn es an der Zeit ist.
Damit mein Leben wieder
eine Richtung und ein Ziel findet.
Barmherziger Gott.
Du hast Sehnsucht nach mir.
Dein Herz schlägt für mich.

Lass mein Herz in Deinen Rhythmus einstimmen.
Erfülle mich mit dem Klang der Liebe,
der zu einem Lied der Ermutigung,
zu einem Segenssong für andere wird.
Amen.

- Beschwingte Musik zum Ausgang

Günter Kusch, Pfarrer, ist Referent für Männerarbeit des forums männer im Amt für Gemeindedienst (afg) der ELKB in Nürnberg und Geschäftsführer der Evangelischen Männerarbeit in Bayern.

Karin Ilgenfritz ist Redakteurin bei der Evangelischen Zeitung für Westfalen und Lippe UNSERE KIRCHE.

2 Ausreden lassen ist das erste Gebot – beim Palavern ins Reden kommen

Heinz Brockert

Männerpalaver regen zum Gedanken- und Gefühlsaustausch an: »Mir ging es genauso.«

Der große Raum wirkt nicht besonders gemütlich. Grelles Licht von der Decke, fast wie in einem Büro. Kahle Wände, ein eher zweck»mäßiges« Stühlegestapel in der Ecke. Und doch kommen einmal im Jahr an sieben Montagabenden 20 bis 40 Männer in die Evangelische Stadtakademie im Herzen Münchens, um gemeinsam zu »palavern«. Dieses Männerpalaver, das es auch in anderen Städten des deutschsprachigen Raums gibt, ist inzwischen zu einer festen Institution der Männerarbeit geworden.

Der kleine Baum im Topf, der an diesem Abend in der Mitte des Raumes steht, wirkt zunächst einsam und verloren. Er erinnert an den Ursprung, quasi die Wurzeln des Männerpalavers in den Weiten Afrikas. Hier in München treffen die Teilnehmer im Vorraum ein, um noch ein Glas Wein zu genießen oder in den Prospekten der Evangelischen Stadtakademie zu blättern. Einige kennen sich bereits, viele sind das erste Mal da. Eine Anmeldung ist nicht nötig; wer Zeit hat, schaut einfach vorbei. Natürlich duzt man sich. So erfährt man, dass Michael von der »Evangelischen Stadtakademie«, Sigurd vom »Münchner Informationszentrum für Männer« (MIM) und Christopher vom »Verein Schwules Kommunikations- und Kulturzentrum München« (SUB) den Abend vorbereitet haben. Mit ihren Themen gelingt es, Männer zu einem Gedanken- und Gefühlsaustausch anzuregen und sie immer wieder neu zu fesseln.

Jeder greift sich einen Stuhl und platziert ihn in der Runde. »Darf ich mich neben dich setzen?«, fragt einer. »Aber natürlich«, lautet die Antwort. Keiner der Teilnehmer weiß in diesem Moment, ob er sich neben einen »Schweiger« oder einen routinierten »Bekenner« setzt. Einer der drei »Veranstalter« erläutert die Regeln: Das Gespräch ist frei, es gibt keine Moderation, niemand wird ermuntert oder gebremst. Dann wird in 15 bis 20 Minuten das Thema intoniert. So gab es in den vergangenen Jahren Impulse zu den »sieben Todsünden«, zu bekannten Stereotypen im Männerleben unserer Zeit oder zu wichtigen Frauen in den Biografien der anwesenden Teilnehmer. Der Austausch kommt manchmal schleppend, manchmal richtiggehend explosiv in Gang. Erfahrungen älterer Männer prallen auf die Neugier und Lebenslust der Jüngeren. Mit offener Zustimmung wird nicht gegeizt: »Das kenne ich«, meint der eine. »Mir ging es genauso«, fügt ein anderer hinzu. Aber auch Kritik wird geäußert: »Du wiederholst dich!«

Einige sagen während des eineinhalbstündigen Palavers zum Thema »XY« nichts. Andere melden sich mehrmals zu Wort. Wer in der Runde schwul ist oder nicht, kann man schwer sagen. Einige bekennen sich offen zu ihren sexuellen Neigungen. Und da geht es gelegentlich um mehr als »Männerliebe«. Gemeinsam sind allen Schilderungen tiefe Kränkungen und Verletzungen, aus vergangenen Paarbeziehungen, von unverständigen Eltern oder Geschwistern, und – ganz besonders – aus quälenden Jahren in Internaten. Nicht selten geben Teilnehmer zu Protokoll, dass sie ein großes und beständiges Glück gefunden haben – manchmal nach langer Suche und vielen Zweifeln und Selbstzweifeln.

»Zusammensitzen, hören, was andere übers Mannsein denken, wie sie sich fühlen in ihrer Männerhaut, die Vielfalt der Ideen kennenlernen, die Macht der Fantasien ausschöpfen, gemeinsam Fragen stellen und nach Antworten suchen: eben palavern«, so beschreiben die Veranstalter das Ziel der Männerpalaver in München. »Es entsteht stets eine sehr dichte Atmosphäre, die persönliche Entwicklungen ermöglicht«, unterstreicht Studienleiter Michael Kaminski von der Evangelischen Stadtakademie.

Der Schweizer Theologe Christoph Walser, einer der Gründer des Züricher Männerpalavers, der Keimzelle der Bewegung in Europa, beschreibt in einem Beitrag für ein Dossier der Schweizer Männerarbeit seine Erfahrungen: »Manche Teilnehmer, die zum ersten Mal dabei sind, fragen: Worum geht es hier eigentlich? Wo ist der rote Faden? Was sind die Ergebnisse? Soll ich mich sofort einmischen oder zunächst warten und zuhören?« (Walser 2000). Aber sehr schnell lege sich die anfängliche Befangenheit. Aus theologischer Perspektive verstehe er das Männerpalaver »als eine Form der Suche nach Sinn, Solidarität und Weg-Gemeinschaft von Männern, zentral im Sinne der gegenseitigen Unterstützung und Anteilnahme am Leben der anderen, im Teilen von Freude, Angst und Hoffnung« (Walser 2000). Männerpalaver sollten »persönlich, alltagsbezogen und konkret sein«. Wichtig sei es, den eigenen Beitrag als Ich-Aussage zu formulieren und »das Wesentliche kurz, klar und gefühlvoll zu sagen«.

Die Neugier darauf, was andere zu sagen haben, sei ein weiteres wesentliches Moment der Männerpalaver. »Interessant ist, wenn möglichst viele zu Wort kommen«, betont Walser (2000). Aber: Es müsse auch nicht pausenlos gesprochen werden. Leerräume ermöglichten Nachdenken und gäben jenen eine Chance, einzusteigen, die sich bisher noch nicht trauten. Walsers Weggefährte, der Sozialpädagoge und Männerforscher Lu Decurtins, sagt über die Motive der Teilnehmer: »Viele Männer kommen zum Palaver, um ein Wir-Gefühl als Männer zu erfahren. Mann möchte erleben, wie andere vom Gleichen betroffen sind. Dass andere die gleichen Probleme haben. Mann möchte nicht mehr allein sein als Mann.« (Waidhofer 2015)

Und: Als das Besondere am Männerpalaver wurde von den meisten Männern die Offenheit und Vielfalt bezeichnet. »Dass es in einer so großen Gruppe möglich ist, ein Vertrauen aufzubauen und Persönliches preiszugeben, wird von den Teilnehmern als speziell hervorgehoben«, erläutert Lu Decurtins (Waidhofer 2015). Offenbar reicht es, eine Kultur zu schaffen, in der sich jeder aufgehoben fühlt, und es ist plötzlich möglich, sich auf eine Art einzubringen, wie es sonst nicht geht.

Palaver können dank der Ehrlichkeit der Beteiligten richtig anstrengend sein. Aber auch erleichternd und ermutigend. Am Ende der Münchner Runde besteht noch eine Viertelstunde die Chance, eigene Eindrücke des Abends in Worte zu fassen. Dann geht es hinaus in die lärmende Nacht der Großstadt. Einige ziehen noch zum nahen Italiener, um weiter zu palavern oder um zu verdauen – das Gehörte und die italienischen Köstlichkeiten.

Männerpalaver – was ist das denn?

Der Begriff »Palaver« bezeichnete einst ein langwieriges und häufig eher oberflächliches Gespräch. Im Deutschen ist der Begriff im allgemeinen Sprachgebrauch daher eher negativ belegt. Im Duden wird seine Bedeutung so beschrieben: »endloses wortreiches, meist überflüssiges Gerede; nicht enden wollendes Verhandeln, Hin-und-her-Gerede«. (Der Duden gibt darüber hinaus Hinweis auf die Herkunft des Begriffs: »englisch palaver, über ein Wort einer afrikanischen Sprache mit der Bedeutung ›religiöse oder gerichtliche Versammlung‹ < portugiesisch palavra = Wort; Erzählung < lateinisch parabola, Parabel«.)

In ethnologischen Untersuchungen in verschiedenen Ländern kommt ein anderer Sinn zum Vorschein: Das Palaver dient demnach dem Zweck, ein Gegenüber vor den entscheidenden Gesprächsphasen näher kennenzulernen. In großen Teilen Afrikas gehört das Palaver zu den guten Umgangsformen. Umso länger es dauert, desto wichtiger ist die Angelegenheit und desto höher gestellt sind die Beteiligten.

Als die Schweizer Männerbewegung in den 1990er-Jahren des vergangenen Jahrhunderts nach neuen, niederschwelligen Formen der Männerarbeit suchte, stieß sie auf die afrikanische Tradition des Palavers. Sie übernahm ihre Prinzipien (der Stammesfürst lädt zu einer Aussprache von offener Zeitdauer ein, hört aber nur zu und beteiligt sich nicht an der Diskussion und bewertet die Beiträge nicht) und die Bezeichnung »Palaver« gleich mit. So kam es teilweise zu einer neuen, positiven Bedeutung des Wortes im deutschen Sprachgebrauch.

Seit 1994 gibt es Männerpalaver in der Schweiz. Das Veranstaltungsformat wurde durch den Theologen Christoph Walser in Zürich ins Leben gerufen. Er war damals Co-Leiter der Fachstelle Frauen & Männer/Erwachsenenbildung der Reformierten Kirche Zürich. Ziel war es, »relevante Themen auf eine einladende, unverkrampfte, aber trotzdem gehaltvolle Art« (Walser 2000) anzusprechen. Die Idee hat sich im Laufe der Jahre in zahlreichen Städten in der Schweiz etabliert und verfügt über eine eigene Website: www.maennerpalaver.ch.

Das Format »Männerpalaver« schwappte bald nach Deutschland über – und die Methode blieb die gleiche. Jeder darf ausreden und in Ruhe seine Gedanken entwickeln. Ins Wort fallen ist verboten. So wird im Laufe von zwei Stunden ein bunter Strauß an Gedanken, Erinnerungen, Meinungen und Gegenmeinungen gebunden. Eine Anmeldung ist nicht nötig. Man(n) kann einmal kommen, also »reinschnuppern«, oder auch häufiger, ohne die Anwesenheit oder Abwesenheit begründen zu müssen. Ein geringer Organisationsbeitrag wird in aller Regel erbeten.

Zehn Tipps zur Umsetzung

1. Keine Angst vor heiklen Themen: Die Erfahrung zeigt, dass die Männer beim Männerpalaver schnell in die Tiefe gehen. Sie bestimmen selbst, wie weit sie sich öffnen. So gibt es keine Tabuthemen!
2. Drei Männer sind bestenfalls für das Palaver zuständig: Einer begrüßt die Ankommenden und sorgt für Getränke und Knabbereien, einer gibt die 10- bis 15-minütige Einführung ins Thema, einer ist der Anwalt der Zeit.
3. Es ist gut, den Ankunftsraum vom Palaver-Raum zu trennen. Für das Ankommen, das Austeilen der Getränke und die ersten Gespräche, eventuell an einer kleinen Bar, muss man mit 30 Minuten rechnen.
4. Der Saal bzw. Raum für das Palaver ist anfangs absichtlich noch unbestuhlt. Die Männer kommen herein, nehmen sich einen der Stühle, die in den Ecken stehen, und wählen ihren Platz. In der Mitte des Raums steht ein Olivenbaum oder ein etwas größerer Baumstamm.
5. Die Regeln für das Palaver sind einfach und müssen zu Beginn genannt werden:
   - persönlich und konkret reden,
   - das eigene Votum auf den Punkt bringen,
   - Interesse an der Meinung anderer zeigen,

- möglichst viele sollen zu Wort kommen,
- Leerräume oder Stille ermöglichen das Nachdenken und ermutigen andere, sich zu melden.
6. Der Ablauf ist klar gegliedert:
   - 19:30 Uhr: Ankommen mit Getränken
   - 20:00 Uhr: Begrüßung und Einleitung ins Thema
   - 20:15 Uhr: 90 Minuten Palaver ohne Moderation
   - 21:45 Uhr: Hinweis eines Teamers: »Wir haben noch 15 Minuten Zeit, bis unser Palaver endet. Diejenigen, die bisher nichts gesagt haben, können das nun nachholen.«
   - Schluss-Gong gegen 22:00 Uhr
7. Natürlich müssen nach dem Palaver nicht alle nach Hause gehen. Im Bistro-Bereich, also dort, wo die Männer angekommen sind, können Tische und Stühle stehen, um noch weitere Gedanken und Meinungen miteinander auszutauschen.
8. Da das Palaver nicht moderiert wird, ist jeder Teilnehmer sein eigener Chairman und übernimmt Verantwortung für die Gesamtgruppe. Nur bei krassen Verstößen gegen die genannten Gesprächsregeln, bei verletzenden Äußerungen oder völligem Abschweifen vom Thema muss ein Teamer eingreifen.
9. Es lohnt sich, eine Reihe von Männerpalavern anzubieten, die thematisch zusammenhängen. So kann man an sechs Abendterminen über »Vorbilder im Männerleben« sprechen, die unterschiedlichen Aspekte der »Männergesundheit« unter die Lupe nehmen oder auch einmal »Heilige Räume und Zeiten« näher betrachten.
10. Männerpalaver eignen sich als eigenständiges Angebot, können aber auch in Seminare oder Tagungen als wichtiger Bestandteil des Dialogs eingebaut werden. Bei einem Ruhestandsseminar für Männer und Frauen gab es zum Beispiel zwei geschlechtsspezifische Angebote am Sonntagvormittag: Frauen im Gespräch und Männerpalaver. Ein Männerpalaver kann auch nach einem Gottesdienst angeboten werden – eventuell treffen sich die Männer zuvor auch zu einem deftigen Weißwurst-Frühstück.

Themenreihen fürs Männerpalaver – Ideen aus München

Sexuell korrekt?
- Sex und Leistung
- Sex und Nähe
- Sex und Moral
- Sex und Macht

Große Fragen
- Identität – bin ich der, der ich sein soll?
- Sinn – was macht mein Leben wertvoll?
- Glaube – was gibt mir Halt?
- Furcht – was macht mir Angst?
- Anders – wie gehe ich mit Fremdem in meinem Leben um?
- Mangel – was fehlt mir im Leben?

Mein Vater und ich
- Erinnerungen
- Enttäuschungen
- Nähe und Akzeptanz
- Vorbild
- Abschied
- Ich bin Vater (oder auch nicht)
- Wunschvater

Unter Männern
- Freundschaft und Nähe
- Eifersucht und Neid
- Hass und Verachtung
- Lernen und Wachstum
- Liebe und Lust
- Macht und Gewalt

So viel du brauchst
- Freiheit – so viel du brauchst
- Besitz – so viel du brauchst
- Sex – so viel du brauchst

- Akzeptanz – so viel du brauchst
- Sicherheit – so viel du brauchst
- Nähe – so viel du brauchst
- Gesundheit – so viel du brauchst
- Sehnsucht – so viel du brauchst
- Gelassenheit – so viel du brauchst

Bilanz – mein Leben an sieben Abenden
- Geburt
- Aufwachsen
- Beruf
- Partnerschaft
- Umbrüche
- Älter werden
- Tod

Die sieben Todsünden
- Mann und Stolz: »Ich bin der König der Welt«
- Mann und Wollust: »Den Stachel der Lust spüren«
- Mann und Neid: »Traurigkeit über das Glück des Nächsten«
- Mann und Zorn: »Orkanartige Niederschläge«
- Mann und Trägheit: »Abwarten und Tee trinken«
- Mann und Geiz: »Haben statt Sein«
- Mann und Völlerei: »Mein Haus, mein Auto, mein Boot«.

Weitere Informationen

Palavern ist mehr, als bloß herumzureden. Männer jeden Alters sitzen im Kreis zusammen und hören, was andere über ihr Mannsein denken und wie sie sich fühlen in ihrer Männerhaut. Das Palaver ist ein Austausch, ein Geben und Nehmen, ein Teilen durch Mitteilen. Jeder gibt etwas von sich preis. Jeder nimmt etwas vom anderen an. Am Schluss geht jeder mit mehr nach Hause, als er gekommen ist.

Geworben wird über Jahresprogramme, Einzelprospekte und Homepage wie z. B. der Stadtakademie sowie vom »forum männer« in Bayern. Vor den Veranstaltungen gehen regelmäßig Infomails an frühere

Teilnehmer, die die Termine in Erinnerung rufen. Die beste Werbung aber ist die Mund-zu-Mund-Propaganda. Die Erfahrung zeigt, dass zu jedem Palaver etwa ein Drittel Männer kommen, die schon öfter da waren, und zwei Drittel, die das erste Mal vorbeischauen.

Weitere Infos gibt es auf der Internetseite www.maenner.ch, dem Dachverband der Schweizer Männer- und Väterorganisationen.
    Regelmäßige Männerpalaver finden zum Beispiel in der Evangelischen Stadtakademie München statt. Ein Einzelprospekt kann unter www.evstadtakademie.de angefordert werden.

Einstieg ins Männerpalaver

Nachdem am Anfang in aller Kürze die Regeln erklärt wurden, gibt es einen Input zum Thema. Hier ein möglicher Einstieg ins Männerpalaver zum Thema »Ziemlich beste Freunde«:
    Männer und ziemlich beste Freunde, so etwas gibt es nur im Kino – oder? Wissenschaftliche Untersuchungen stellten nämlich fest, dass Frauen das besser können als Männer. Eine Studie von Robin Dunbar von der Oxford University aus dem Jahr 2015 ergab, dass Geschlechter beim Thema »Freundschaft« ganz unterschiedlich agieren. Ein wenig Klischee-Keule mag da durchaus eine Rolle spielen. Doch lassen wir Dunbar zu Wort kommen: Während Frauen ihren Freundeskreis so intensiv wie ihre Liebesbeziehungen pflegen, nehmen Männer das Ganze eher locker. Während das weibliche Geschlecht mit regelmäßigen Telefonaten, WhatsApp oder über Facebook intensiv Kontakt hält, bevorzugen die Herren angeblich eher gemeinsame Aktivitäten mit ihren Kumpels und die Face-to-Face-Interaktion. Der physische Kontakt zählt, ob es sich um einen Fußballabend, Kneipentreffen, sportliche Aktivität, Wandern oder auch gemeinsames Kochen handelt (vgl. Roberts/Dunbar 2015).
    »Alle Menschen brauchen Freunde«, verkündete der weise Aristoteles vor mehr als 2300 Jahren. Auch in Umfragen über die Glücksvorstellungen der Deutschen rangiert Freundschaft immer an der Spitze. In der Kindheit und Jugend, oft auch später, unterstützen uns Freunde bei der Herausbildung der Identität und der Persönlichkeit. Sie verschaffen uns Geselligkeit und Freude, vermitteln Sicherheit,

Geborgenheit und Vertrauen, stärken das Selbstwertgefühl und sie spiegeln uns – sie sagen offen, wie sie uns sehen und was sie gut (oder weniger gut) an uns finden. Dennoch wird in Untersuchungen immer wieder festgestellt: Männer sind Kontakt-Muffel. Die Frauen übernehmen die Kontaktpflege zu Nachbarn und Freunden, ab 20 nehmen männliche Freundschaften ab, Beruf und Familie nehmen Männer in Beschlag, und sobald der Ruhestand naht, droht die Einsamkeit.

»Die Netzwerke von Männern sind funktionaler«, sagt Eckart Hammer, Professor für Soziale Gerontologie und Sozialmanagement an der Evangelischen Hochschule Ludwigsburg (vgl. Dignös 2015). Bringt der Kontakt Vorteile im Job? Kann er mir nützlich sein, um die richtigen Leute kennenzulernen? Soll ich mal diesen Nachbarn mit dem top ausgestatteten Werkzeugkeller ansprechen? Männer tun etwas zusammen – ob sie nun auf Berge kraxeln, ein Vereinshaus bauen, zusammen eine Sauftour machen oder sich gegenseitig in der Karriere fördern. Freundschaften werden selten nur um der Freundschaft willen geschlossen und gepflegt, meint Eckart Hammer, und: »Sie gehen oft weniger in die Tiefe!« (Dignös 2015) Männerfreundschaften sind meist instrumentell und *side by side.*

Und was ist, wenn der Ruhestand kommt und das berufliche Netzwerk wegfällt oder an Bedeutung verliert? »Viele Männer fallen dann in ein Loch. Was sie über viele Jahre gemacht haben, wird brüchig«, erklärt der Sozialwissenschaftler (Dignös 2015). Die alten Kontakte aus dem beruflichen Umfeld hätten meist keinen ausreichenden Tiefgang. Dies zeigt sich vor allem in Krisensituationen oder bei Krankheiten. Männer seien zudem »Meister der Gelegenheitskommunikation«. Das kurze Gespräch mit Kollegen im Aufzug oder die Plauderei mit Kindern am Abendbrottisch. Ist das Berufsleben zu Ende, sind die Kinder ausgezogen, fehlen solche Situationen. Die Folge: Männer vereinsamen.

Doch wie kann man das vollständige Abbrechen von Sozialkontakten verhindern? Wie kann man vermeiden, dass den Männern erst im Ruhestand klar wird, wie wichtig echte Freunde sind. Natürlich gibt es auch dann noch Möglichkeiten, das Adressbuch mit neuen Kontakten zu füllen. Einige gehen intensiv zum Sport oder in ein Fitnesscenter. Etliche Männer suchen sich ein Ehrenamt in einem Verein oder bei der Kirche. Andere erleben es als erfüllend, die Großvaterrolle zu übernehmen. Wie auch immer, nützlich ist es auf jeden Fall, schon vor dem Ruhestand Freundschaften zu pflegen, ein Hobby zu haben oder Interessen nachzugehen, die über das Berufsleben hinausführen.

Doch ist es das schon – eine echte Männerfreundschaft? Oder was zeichnet sie wirklich aus? »Freundschaft ist eine Seele in zwei Körpern«, schrieb Aristoteles. Doch wollen wir so eine Nähe zulassen? Hans Albers und Heinz Rühmann sangen einst: »Ein Freund, ein guter Freund, das ist das Schönste, was es gibt auf der Welt.« Die Sehnsucht nach einem Freund scheint uralt zu sein. Die Medizin mahnt sogar: Freunde tun gut, funktionierende soziale Beziehungen verringern das Risiko für Herz-Kreislauf-Erkrankungen und Depressionen. Und: Wer gute Freunde hat, scheint einen anderen Blick aufs Leben zu haben. Probleme werden als weniger bedrohlich empfunden, man bekommt ein höheres Selbstwertgefühl.

Wie macht »Mann« das also mit den besten Freunden? Fünf Tipps dazu:
1. Offenheit öffnet Türen. Nur wer etwas von sich selbst preisgibt, bekommt auch Vertrauen zurück.
2. Den anderen stärken, statt das Eigene als Allheilmittel zu preisen. Hör erst mal genau zu, bevor du schon wieder gute Rezepte verordnest.
3. Gemeinsam Abenteuer erleben und Herausforderungen meistern (Team), ohne immer gleich in Konkurrenz zu gehen.
4. Tiefgang und Smalltalk wechseln sich gekonnt ab.
5. Nähe zulassen: Warum tun sich Männer so schwer, einander auch einmal in den Arm zu nehmen (wie war das beim eigenen Vater)?

Nun beginnt die offene Diskussion – ohne Moderation.

Literatur

Jean-Godefroy Bidima: La Palabre. Une juridiction de la palabre. Ed. Michalon, Paris 1997.

Eva Dignös: Wie Männer sich um Freundschaftspflege drücken. WELT, 2015. https://www.welt.de/gesundheit/article136731108/Wie-Maenner-sich-um-Freundschaftspflege-druecken.html (Zugriff am 2.5.2019).

Richard Friedli: Kindoki ist verwirrt. Beitrag der afrikanischen Palavertechnik zum internationalen Konfliktmanagement (Arbeitspapier der Schweizer Friedensstiftung, 20). Bern 1995.

Nelson Mandela: Der lange Weg zur Freiheit. Frankfurt 1994, S. 34–37.

Sam B. G. Roberts/Robin I. M. Dunbar: Managing Relationship Decay. Network, Gender and Contextual Effects. Human Nature, 26 (4), 2015, 426–450.

Eduard Waidhofer: Die neue Männlichkeit: Wege zu einem gelingenden Leben. Bielefeld 2015.

Christoph Walser: Männer Palaver, Männebüro Züri, Projektbericht 2000. http://www.maennerpalaver.ch/themen/palaver.html (Zugriff am 2.5.2019).

Heinz Brockert ist seit seiner Pensionierung als freier Journalist tätig, unter anderem für das Münchner Sonntagsblatt. Zuvor war er viele Jahre Redakteur beim Evangelischen Pressedienst (epd).

3 Glaubenserfahrungen sind Grenzerfahrungen – Erlebnispädagogik und Spiritualität

Günter Kusch

Wo sich Himmel und Erde berühren: vom Kletterwald bis zum Team-Building.

Die Aufgabe klingt einfach: Man nehme eine 2 × 4 Meter große Holzplattform, lege sie auf einen langen Holzbalken und fordere acht Männer dazu auf, darauf zu steigen. Einer nach dem anderen, vorsichtig ausbalancierend, betritt das schwankende Brett. Wenn alle stehen, muss die Plattform noch eine Minute lang im Gleichgewicht bleiben. Aber Achtung: Sobald eine Seite der Wippe den Boden berührt, beginnt das Ganze von vorne.

Achim überlegt nicht lange: »Wir notieren erst einmal, wie schwer jeder ist«, erklärt der 34-Jährige. Rasch zückt er Papier und Bleistift. Und dann? »Dann gehen immer zwei, die ungefähr gleich viel wiegen, gemeinsam rauf«, ergänzt der Fachmann für schwere Aufträge. Und tatsächlich, es funktioniert. Zumindest bei den ersten beiden Testpersonen. Als die nächsten beiden es versuchen, kippt das Ganze auch schon. Ein weiterer Versuch folgt.

Diesmal hat Werner eine zündende Idee: »Immer zwei Männer springen gleichzeitig aufs Brett.« Doch wieder knallt nach kurzer Zeit die eine Seite der Plattform auf die Wiese. Etwa eine Stunde lässt uns der Trainer zappeln, dann gibt er einen Tipp: »Steigt zuerst einzeln rauf. Entwickelt ein Gefühl für die Wippe. Pendelt hin und her. Sucht die richtige Balance. Nehmt euch die Zeit, die ihr braucht.« Gesagt, getan. Endlich klappt es. Einer nach dem anderen steht auf dem Brett. Die Männer merken: Nicht alles ist mit Logik oder Kopfarbeit zu bewältigen.

Der Tag im Kletterpark ist Teil der Fortbildung »Männerwerkstatt«, die vom »forum männer« im Amt für Gemeindedienst angeboten wird. Ziel ist es, erlebnispädagogische Angebote für Männer kennenzulernen, um sie in der eigenen Gemeinde umzusetzen. Das Teambuilding, das die Teilnehmer an diesem Tag durchlaufen, dient aber auch dazu, Gruppenprozesse in einem Männertreff zu reflektieren und voranzubringen.

Das Training auf der Wippe, weitere Aufgaben wie die »schwebende Stange«, bei der die Gruppe versucht, einen langen Stab auf Zeigefingern am Boden abzulegen, geben kräftig Stoff zum Nachdenken: Müssen wir jedes Vorhaben exakt planen oder entscheiden wir nach Bauchgefühl? Wie verständigen wir uns und wer gibt den Ton an? Wie reagiert die Mannschaft, wenn alle neu beginnen müssen, »nur« weil jemand immer wieder aus der Balance gerät?

An der Kletterwand ist dagegen Kondition gefragt. Gebe ich mir die Blöße, wenn ich es nicht nach ganz oben schaffe? Was sagen die anderen, wenn ich vorher aufgebe? Um das Ganze zu erschweren, bindet unser Trainer zwei Kletterer an je einem Bein fest zusammen. Somit sind klare Absprachen nötig, wann welcher Fuß nach oben gezogen wird. Stand in der ersten Übung eher der Wetteifer im Vordergrund, geht es nun um Teamgeist und Fairness. Wichtig ist hier auch die Person, die unten sichert. Kann ich ihr vertrauen? Hält sie mich fest? Mitunter braucht es zwei Leute, die das Seil festhalten und dadurch Mut machen, noch ein wenig höher zu klettern.

Auf einem Tisch liegen acht Regenrinnen, jede etwa einen Meter lang, daneben ein Tischtennisball. Bei der nächsten Herausforderung mit dem Titel »Pipeline« arbeiten alle Hand in Hand. »Der Ball soll von einem Punkt zum anderen transportiert werden, er muss dabei immer in Bewegung sein«, erklärt der Trainer. »Sobald er zum Stoppen kommt oder auf den Boden fällt, fangt ihr wieder am Start an«, fügt er hinzu. Außerdem darf der Ball, während er rollt, nicht berührt werden. Rasch nehmen die Männer die Rinnen, bilden eine Schlange und Sven ruft »Schnell, schnell!« Hat hier jemand gesagt, dass es aufs Tempo ankommt? In der Ruhe liegt die Kraft, diesmal geht es um Koordination und exakte Absprachen.

Nach dem Teambuilding ist Zeit, die unterschiedlichen Stationen im Kletterpark kennenzulernen. Geschultes Personal hilft, die Gurte anzulegen und weist ins Sicherheitssystem ein. »Alle Parcours sind TÜV-geprüft, über professionelle Seile und Gurte mit Karabinerhaken achten wir doppelt auf Sicherheit«, erfahren wir. Sehr beruhigend, mag der ein oder andere denken. Zu Beginn wählen die meisten einen leichten Schwierigkeitsgrad. Die etwas Geübteren düsen auf einem Skateboard, das in zehn Metern Höhe an einem Seil befestigt ist, an Bäumen vorbei. Wer sich in dem riesigen Spinnennetz zum nächsten Podest nach oben zieht, wird am nächsten Tag sicher mit Muskelkater belohnt. Die rasanten Seilbahnfahrten über Schluchten und Waldwege sind echt genial.

»Hochseilgärten können zum Therapieort werden«, meint unser Trainer, als die Männer sich am Lagerfeuer zu einer Feedbackrunde versammeln. Viele kämen hierher, um Stress abzubauen und um sich fit zu halten. Einige wollten Höhenängste oder andere mulmige Gefühle bearbeiten. Stets aber gehe es um Grenzerfahrungen. »Es gab da einen Moment, da hab ich richtig Panik bekommen«, gibt Andreas zu, der erstmals einen Kletterpark besucht. »An der höchsten Stelle habe ich gemerkt, da muss ich jetzt schnell weg«, sagt der 58-Jährige. Er hat den Parcours dann abgebrochen und eine Pause eingelegt. Aufgeben will er jedenfalls nicht, irgendwann muss er die Strecke noch bewältigen.

»Beim Klettern setzen wir uns mit Grenzen auseinander, nicht nur mit körperlichen Grenzen«, erklärt der Trainer. Viele müsse man akzeptieren und damit leben, einige sollten wir versuchen zu überwinden. Ihnen aus dem Weg zu gehen, helfe meist nicht. Ausprobieren und Austesten gehören dazu und natürlich die Frage: Wo und wie setzen wir sonst Grenzen, zum Beispiel in unserem Alltag? Und setzen wir sie tatsächlich oder schlucken wir vieles einfach nur herunter? Die Gespräche drehen sich nun um Konflikte in der Arbeit und in der Familie. Die Männer sprechen über Möglichkeiten, Auseinandersetzungen in der Partnerschaft oder unter Kollegen zu vermeiden oder zu lösen.

Natürlich gibt es noch eine Stärkung, bevor die Männer aufbrechen. Ganz nebenbei erfahren sie, wie man am offenen Feuer eine köstliche Suppe kocht oder knuspriges Brot backt. Achim holt seine Gitarre aus dem Instrumentenkoffer. Alte Schlager werden angestimmt: »Über den Wolken«, »Nehmt Abschied, Brüder«, aber auch »Da berühren sich Himmel und Erde« – für Werner der richtige Zeitpunkt, um ein paar »andächtige Worte« zu sprechen, wie er es nennt. Seiner Meinung nach hätten sich an diesem Tag auch Himmel und Erde berührt: die Stunden in der Natur, das Ausloten eigener Grenzen, den Körper wahrzunehmen und in der Natur eingebunden zu sein. Für ihn habe das etwas sehr Spirituelles, ja Religiöses. Sind Glaubenserfahrungen nicht auch häufig Grenzerfahrungen? Jedenfalls nehme er es sich fest vor, das Erlebte mit in den Alltag zu nehmen – keine leichte Aufgabe.

Was genau ist Erlebnispädagogik?

Erlebnispädagogik ist vielfältig und unterschiedlich definiert. Sie befasst sich mit Gruppenerfahrungen in der Natur, geht auf die Persönlichkeit ein und hilft, soziale Kompetenzen zu entwickeln. Sie nutzt Sportarten, Methoden aus der Theater-, Abenteuer- und Sozialpädagogik und bietet gezielt Erlebnisse, die nachhaltig sind.

Erste Grundlagen der Erlebnispädagogik werden oft Jean-Jacques Rousseau (1712–1778) zugeschrieben, der in seinem Buch »Emile oder über die Erziehung« für eine »natürliche Erziehung« plädiert. Laut Rousseau wird der Mensch durch drei Einflüsse erzogen: durch Natur, Menschen und Dinge. Nicht der Erziehende steht also im Vordergrund, sondern die Wirkung, die sich aus dem Umgang mit Natur und Dingen ergeben.

Im 19. Jahrhundert prägte der deutsche Erlebnispädagoge Kurt Hahn (1886–1974) die Diskussion, der später als »Vater der Erlebnispädagogik« galt. Schule sollte seiner Meinung nach zu einem »Erlebnisfeld des Kindes« werden. Pädagogik helfe, modernen Verfallserscheinungen entgegenzuwirken: dem Mangel an Anteilnahme, dem Mangel an Initiative und Spontaneität und dem Mangel an Sorgsamkeit. Im Mittelpunkt der Erlebnistherapie nämlich stünden körperliches Training, Dienst am Nächsten, Projekte (Aufgabe und Ziel) sowie eine Expedition (meist mehrtägige Erlebnisse mit lebenspraktischen Erfahrungen).

Einige Grundsätze haben sich durchgesetzt: Erlebnispädagogik arbeitet handlungsorientiert, herausfordernd, ganzheitlich, durch Aktion und Reflexion in der Natur, in Gruppen und ist immer freiwillig.

Zehn Tipps zur Umsetzung

1. Erlebnispädagogische Einheiten eignen sich für die Arbeit in Männertreffs ebenso wie für Konfirmandengruppen oder spannende Gemeindefeste. Wichtige Faktoren dabei lauten Teamgeist, Motivation, Vertrauen, Erlebnisse und Gemeinschaftsgefühl.
2. Während man im Männertreff damit Gruppenprozesse reflektieren oder (biografische) Themen intonieren kann, zieht man

beim Gemeindefest auch Männer und Jungs in den Bann. Ob Kletterwand, Slackline, Niedrigseilelemente, Ball- oder Bierkisten-Wettbewerbe, unterschiedliche Sport-Stationen oder ein Seifenkisten-Rennen – Langeweile kommt da nicht auf.

3. Die Evangelische Jugend, aber auch Einrichtungen wie der CVJM haben ausgebildete Erlebnispädagogen, die man für eine Aktion in der Gemeinde anfragen und buchen kann. Meistens bringen diese Fachkräfte einen Koffer voll Materialien mit oder sie wissen, wo man günstig Seile, Pfeil und Bogen, Diabolos oder Werkzeuge zum Herstellen von Holzschiffen, Mosaikbildern und selbst erfundenen Brettspielen bekommt.
4. Die Ziele der Erlebnispädagogik im kirchlichen Rahmen lauten: Religion mit allen Sinnen erleben, Kirche im Alltag erfahren, soziales Lernen unterstützen, Kirchenräume neu entdecken, dem Glauben einen handfesten, herzlichen und verständlichen Rahmen schenken.
5. Ein Tag im Kletterwald, so könnte ein Angebot für einen Männertreff lauten, bei dem Themen wie »An die eigenen Grenzen gehen«, »Gemeinsam sind wir stark« oder »Ich darf auch Nein sagen« im Mittelpunkt stehen. Viele Kletterparks haben geschulte Pädagogen, mit denen man an diesem Tag auf Gruppenfunktionen und ihr dynamisches Zusammenspiel blicken kann.
6. Kooperative Trainingseinheiten stärken das Selbstvertrauen, aber auch die Fähigkeit, miteinander besser zu kommunizieren. Nach jeder Einheit sollte genügend Zeit zur Reflexion eingeräumt werden.
7. Respektvoller Umgang ist bei erlebnispädagogischen Angeboten das A und O. Nicht jeder kann bei jedem Training mitmachen – auf Höhenängste, unterschiedliche Kondition oder persönliche Grenzen muss Rücksicht genommen werden.
8. Wer in seiner Gemeinde oder in seinem Verein öfter erlebnispädagogische Angebote machen will, sollte seine Mitarbeiter schulen lassen. Unter www.cvjm-hochschule.de und das dortige Institut für Erlebnispädagogik gibt es Infos zur Ausbildung zum Wildnis- und Erlebnispädagogen mit Abschlusszertifikat.
9. Um bei Männern Interesse zu wecken, sollte man nicht vom »Spielen« oder »Basteln« reden. Erfahrungen aus der Öffentlich-

keitsarbeit zeigen, dass Titel wie »Training für Mannschaften«, »Wettkampf Wald« oder »Werkstatt Klettern« Männer und Jungs eher ansprechen. Auch sogenannte »Kampfesspiele« können zu einem besonderen Programmpunkt werden.
10. Es lohnt sich, eine Grundausstattung für erlebnispädagogische Einheiten anzuschaffen, statt sie nur auszuleihen. Bewährt hat sich z. B. der Erlebnistour-Rucksack für Gruppen 16 bis 20 Personen. Er ist beim ZIEL-Verlag (www.ziel-verlag.de, www.zieltools.de) für 399 Euro erhältlich.

Beispiele aus der Praxis

Team-Wippe
Man braucht dazu eine mindestens 2 × 4 Meter große Holzplattform, die in der Mitte auf einem langen Holzbalken aufliegt. Die Aufgabe für die Gruppe lautet: »Am Ende dieser Übung müsst ihr alle auf der Wippe stehen. Sie muss sich jederzeit im Gleichgewicht befinden. Sie darf an keiner Seite den Boden berühren, sonst beginnt die Übung von vorne. Wenn alle oben stehen, bildet ihr einen Kreis und geht eine Runde von 360 Grad im Uhrzeigersinn. Auch beim Absteigen muss die Wippe im Gleichgewicht bleiben.

Lernziele: Teamfähigkeit, Gleichgewicht in der Gruppe, strategische Planung, verbale Kommunikation, gemeinsames Handeln, Rollenfindung, Problemlösung.

Impulsfragen im Anschluss:
- Welche Strategien gab es vor dem Betreten der Wippe?
- Wurden Pläne verworfen?
- Was hat sich letztlich bewährt?
- Gab es einen Wortführer und einen »Schweiger«?
- Was hat sich am besten bewährt: genaue Planung oder intuitives Bauchgefühl?
- Wie war die Reaktion, wenn die Wippe den Boden berührte?
- Gibt es in eurer Männergruppe ähnliche Situationen? Störer oder Förderer?
- Wie lässt sich das intuitive Handeln auf der Wippe in eure Gruppe übertragen?

Pipeline

Die Gruppe erhält den Auftrag, einen Tischtennisball oder eine kleine Kugel über eine bestimmte Strecke hinweg zu einem Zielpunkt zu transportieren. Die Kugel, die stellvertretend für ein gemeinsames Projekt im Alltag steht, darf aber nicht berührt werden. Zur Beförderung dient eine Pipeline, ein System von halbierten Kunststoffröhren, die jeweils etwa einen Meter lang sind und aneinandergehalten werden. Die Teilnehmer stehen hintereinander und leiten über ihre Röhren die Kugel ins Ziel. Der hintere Spieler rennt nach vorne, sobald er die Kugel befördert hat. Fällt die Kugel zu Boden, beginnt die Gruppe von vorne.

Lernziel: Das Team muss sich zuvor genau koordinieren, welche Schritte nötig sind. Ziel ist es, dass sich das Team genau abspricht, wer wo steht und wie schnell die Kugel rollt. Themen sind »Teamfähigkeit« und »Absprachen«, aber auch »Abgeben können« und »Aufeinander Rücksicht nehmen«.

Impulsfragen im Anschluss:
- Wie hat sich das Team organisiert?
- Gab es jemanden, der den »Hut aufhatte«?
- Liefen die Absprachen demokratisch?
- Was war meine Rolle in der Gruppe?
- Gab es Situationen, wo Rücksicht auf andere gefragt war?
- Gibt es in eurer Männergruppe ähnliche Situationen? Störer oder Förderer?
- Welche Methode führte letztlich zum Ziel/Erfolg?

Sehr gefragte Wochenendseminare für Männer beschäftigen sich derzeit übrigens mit »Outdoor-Cooking« oder »Waldbaden«. Geht es beim ersten Angebot um Inhalte wie »Kochen am offenen Feuer«, »Köstliches aus dem Hirtenofen« oder um »Wildnisspezialitäten«, wird im zweiten Seminar eingeladen, den Wald ganzheitlich, also mit allen Sinnen, zu erfahren. In Japan gilt diese Form des Eintauchens in die Natur mittlerweile als Medizin (siehe Artikel in ZEIT Wissen: Kemper 2018).

Literatur und Hinweise

Unter www.cvjm-hochschule.de (Institut für Erlebnispädagogik) gibt es viele erlebnispädagogische Ideen für Kinder und Jugendliche. Einiges davon zieht auch Männer in den Bann.

Torsten Fischer/Jens Lehmann: Studienbuch Erlebnispädagogik. Einführung in Theorie und Praxis. Bad Heilbrunn 2009.
Bernd Heckmair: Erleben und Lernen. Einführung in die Erlebnispädagogik. München 2004.
Hella Kemper: Spring! ZEIT Wissen Nr. 3/3018, https://www.zeit.de/zeit-wissen/2018/03/waldbaden-natur-heilung-gesundheit-japan (Zugriff am 19.2.2019).
F. Hartmut Paffrath: Einführung in die Erlebnispädagogik. Das neue Grundlagenbuch, 2. Aufl. Hergensweiler 2017.
Annette Reiners: Praktische Erlebnispädagogik I und II. Bewährte Sammlungen motivierender Interaktionsspiele. Hergensweiler 2007.
Thomas Schut/Annette Boeger (Hg.): Erlebnispädagogik in der Schule – Wirkungen und Methoden. Berlin 2005.
Christoph Sonntag: Abenteuer Spiel. Handbuch zur Anleitung kooperativer Abenteuerspiele. Hergensweiler 2011.

Günter Kusch, Pfarrer, ist Referent für Männerarbeit des forums männer im Amt für Gemeindedienst (afg) der ELKB in Nürnberg und Geschäftsführer der Evangelischen Männerarbeit in Bayern.

# 4 Mann nehme – Kochkurs für Männer

Peter Tippl

Beim Kochkurs »Man(n) nehme« gibt es Rezepte für daheim und für das Leben.

Es duftet nach Gänsebraten. Gleich daneben wird ein Rehbraten vorbereitet. Ein Tiramisu wird in eine Glasform geschichtet und auf der nächsten Arbeitsplatte Rosenkohl für eine Suppe geputzt. Das alles geschieht nicht von einem wuselnden Küchenteam in der Großküche, sondern in den Küchenabteilen der Fachschule für Familienpflegerinnen am Evangelischen Bildungszentrum (EBZ) Hesselberg in Mittelfranken.

Das »wuselnde Küchenteam« sind nur Männer, die freiwillig hier sind. Und das mit großer Freude. Sie nehmen an einem Männerkochkurs beim EBZ teil und genießen diese dreitägige »Auszeit« von Zuhause. Vor knapp 20 Jahren kam Werner Lauterbach, damals Referent für Männerarbeit im Amt für Gemeindedienst Nürnberg, auf die Idee, einen Männerkochkurs zu initiieren. Bei Küchenchef Klaus Walther stieß die Idee auf fruchtbaren Boden und gemeinsam wurde ein Kursprogramm erarbeitet und ein Kurs ausgeschrieben. Dieser war sofort ausgebucht, sodass zwei, drei und fünf Kurse aufgelegt wurden. Aktuell werden im Winterhalbjahr am EBZ Hesselberg sieben Männerkochkurse durchgeführt – alle ausgebucht und mit Warteliste.

Oft handelt es sich dabei um »Wiederholungstäter«, weiß der Chefkoch zu berichten, denn bei der Abschlussbesprechung melden sich die Teilnehmer gleich für das nächste Jahr an. Mund-zu-Mund-Propaganda ließ die Teilnehmerzahlen in die Höhe schnellen, erinnert sich Klaus Walther. Die Männer waren von der Idee und vom Kurs begeistert. Reine »Männersache« gilt aber nicht ganz, denn eine Hauswirtschafterin steht Klaus Walther am EBZ zur Seite.

»Die ständige Präsenz fordert einen«, sagt Walther, der sich bei den Männerkochkursen als Moderator, Entertainer, manchmal Therapeut, Mahner und Teil dieser einzigartigen Gemeinschaft sieht. Vor allem die abendlichen Gespräche im Bierstüberl seien bezeichnend für den Erfolg des Männerkochkurses. »Da nimmt dich schon mal einer zur Seite und sagt, dass er sich trotz idealer Familienverhältnisse in eine andere Frau verliebt habe«, erzählt Walther. Auch über finanzielle Probleme werde geredet, während man gemeinsam ein oder zwei Bierchen genießt. »Das Gespräch geht da sehr gut, von Mann zu Mann, und bleibt unter uns«, betont der Koch. Und das ist gut so. Der Humor und die Gemeinschaft stehen über allem und so viel gelacht wie bei den Männerkochkursen habe Walther selten.

Dass Kochen Spaß macht, ist hörbar und spürbar in der Küche der Fachschule. Diese ist in »Kojen« eingeteilt und in jeder Koje arbeitet ein Team aus jeweils drei Männern. Wenn der Koch eine Skala der Leidenschaft beschreiben müsste, dann eine glatte »Zehn« für den Einsatz der Teilnehmer. Da schnippeln ein Bankmanager und ein Bierbrauer nebeneinander, ein Hausmann neben einem Techniker und ein Müllwerker neben einem Arzt. Ebenso breit gefächert sind die Vorkenntnisse. Es sind Männer dabei, die haben noch nie ein Ei aufgeschlagen, kennen die Küche nur bis zum Kühlschrank, und ein anderer Teilnehmer erscheint mit einem hochwertigen Messersatz zum Kochkurs. Ebenso unterschiedlich gestaltet sich die Anreise, einige kommen sogar aus Dresden, Kaiserslautern oder Cottbus hierher, manche sind natürlich auch unmittelbar aus der Region. Wo immer die Männer herkommen, sie gehen nach dem Wochenende als Freunde auseinander – bis zum nächsten Jahr.

Klaus Walther hatte auch schon Teilnehmer, die bei Starköchen Kurse belegt hatten. Aber hier am Hesselberg sei es ganz anders, bestätigten die Männer. Der Einstieg am Freitagabend läuft immer gleich ab. In der Lehrküche gibt es eine Vorstellungsrunde mit Alter und Beruf und welche Hoffnungen sie mit dem Kurs verbinden. Dann geht es in der Küche an die »Basics«. Wie stelle ich eine Rinderbrühe her, wie eine Fleischsoße, ein schnelles Nudelgericht und wie bindet man Soßen? Am Samstag nach dem gemeinsamen Frühstück wird das Menü durchgesprochen und eine Gruppe übernimmt den Kuchen für die nachmittägliche Pause.

Anspruchsvolle Menüs werden in der Küche gezaubert: Leberknödelsuppe, Gänsebraten, Rehbraten und Schweinekotelett sind dabei, mal eine exotische vegetarische Suppe, Fischstäbchen werden frisch aus Kabeljau hergestellt, ein klassisches Cordon Bleu, Hacksteak und Tiramisu. Grundsätzlich wird vor dem gemeinsamen Essen gebetet, ein wichtiger Impuls zum Innehalten und Wertschätzen des Geleisteten.

Aus ganz unterschiedlichen Beweggründen kommen die Teilnehmer zum Männerkochkurs.»Die einen werden geschickt«, lacht der Chefkoch: »Andere sind plötzlich Single, ein bevorstehender Ruhestand, um Kochen für die arbeitende Frau zu erlernen, ein Rollstuhlfahrer war auch schon dabei und den haben wir zwischen Küche, Bierstüberl und Zimmer über die Treppen getragen.«

Genau dieses Gemeinschaftserlebnis lobt auch Matthias, einer der Teilnehmer. Er habe vor etlichen Jahren in einer »Bierlaune« eine Teilnahme zugesagt und ist seitdem jedes Jahr dabei. Der 35-jährige Kunststofftechniker betreut Lieferantenbeziehungen, hält Trainings ab und unterstützt die Qualitätsabteilung bei einem weltweit agierenden Konzern. Matthias singt aktiv im Männerchor und in einem Gospelchor, schätzt diese Chorgemeinschaft und die Auftritte in historischen Kirchen. Er schätzt auch diese Kochgemeinschaft der Gleichgesinnten, war von Anfang an begeistert von der gegenseitigen Hilfsbereitschaft und dem gemeinsamen Kocherlebnis.

»Chefkoch Klaus Walther zeigt einem die Schritte und danach selbst machen, das macht Spaß«, so Matthias. Vor allem der Humor der Teilnehmer zeichne den Kochkurs aus und das abendliche Zusammensitzen. Da gibt's keine »Standesunterschiede« oder »Höherrangige«, alle sind Kursteilnehmer und das mit Begeisterung. Es wird viel gelacht, jeder hilft jedem, das gemeinsame Essen ist lecker und die fröhlichen Runden in der Bierstube, nennt Matthias die entscheidenden Erfolgsfaktoren dieses Männerkochkurses.

Diese »wunderbare Gemeinschaft in einer Männerrunde« loben alle Teilnehmer bei den Abschlussgesprächen immer wieder. Für die einen war das Beten vor dem Essen eine ganz neue und ungewohnte Erfahrung, die aber durchaus als Bereicherung empfunden wurde. Und ganz wichtig war das Übernachten, wird regelmäßig beim Resümee betont. Einige Teilnehmer aus der unmittelbaren Region fuhren abends heim, bedauerten dies aber hinterher. Eine Gemeinschaft wächst nur in der Gemeinschaft – auch und vor allem beim abendlichen Zusammensitzen, beim Gespräch und Austausch. Dabei wird wirklich »über Gott und die Welt« gesprochen, über das, was Männer bewegt, welche Sorgen sie selbst haben – und das ohne Frauen.

Einmal habe Chefkoch Walther die Teilnahme von Frauen am Kochkurs angeregt und erinnert sich an eine Reaktion. Ein sonst sehr ruhiger Teilnehmer stand auf und meinte laut und deutlich: »Dann bin ich nie mehr dabei«. Die Männer genießen diese männliche Gemeinsamkeit, es muss sich keiner was beweisen und alle lieben diese männliche Dynamik und Lockerheit beim Kurs. Da darf es auch mal derb zugehen oder manch nicht »stubenreiner« Witz wird losgelassen.

Spürbar wird das freundschaftliche und lockere Klima der Männerrunde bei einer »Ortseinsicht« in der Küche. »Koje 1 Ofen vorheizen!«, ruft Koch Klaus Walther oder: »Jetzt alle mal herschauen!«. Dann zeigt Walther die Herstellung von Schupfnudeln, die in seiner schwäbischen Heimat als »Bubenspitzle« beschrieben werden. Bei einem Apfel-Melonen-Salat muss natürlich die Melone vorher geschält werden, betont der Koch, denn ein Teilnehmer schnitt bereits munter drauf los. Und der nächste Kursteilnehmer fragt: »Haben wir eine Ingwerreibe?« Alles lacht. Auch Humor gehört beim Männerkochkurs zu den schmackhaften Rezepten.

Zehn Tipps zur Umsetzung

1. Liebe geht durch den Magen – bei Männerkochkursen kommt es schnell zu guten Gesprächen und es entsteht eine freundschaftliche Atmosphäre. Schnippeln, brutzeln, sich austauschen – das schmackhafte Männerseminar ist ein Angebot, das Kochkenntnis und Konversation gut miteinander verbindet.
2. Für einen Männerkochkurs sollte man mindestens zwei Tage ansetzen, ein ganzes Wochenende ist am besten. Am Abend kann ein Männerpalaver oder eine Andacht angeboten werden. Bewährt hat sich auch ein Biografiespiel (s. Hinweise), bei dem die Teilnehmer mit Spielfiguren auf einem Spielplan durch unterschiedliche Räume eines Hauses gehen. Einer der Räume ist die

Küche. Dazu gibt es Impulskarten mit Fragen wie: Wer hat früher für deine Familie gekocht? Hattest du ein Lieblingsessen? Erinnerst du dich an bestimmte Gerüche? Wer durfte während deiner Kindheit in die Küche? Wer kocht heute für dich? (Anleitung und Spielplan stehen zum Download zur Verfügung)
3. Am besten sucht man sich eine Lehrküche mit mehreren Kochnischen, damit wirklich jeder Mann etwas zu tun hat. Wenn einer kocht und die anderen schauen nur zu, kommt schnell Langeweile auf. Lehrküchen gibt es u. a. in Schulen oder städtischen Bildungszentren.
4. Der Kochkurs sollte bestenfalls von zwei Köchen geleitet werden. Interessant ist aber auch die Zusammenarbeit von Koch und Ökotrophologen oder einem Ernährungsberater. Anfragen kann man beispielsweise über Bildungswerke sowie Volkshochschulen.
5. Ansprechend ist ein Kochkurs, der unter einem bestimmten Thema steht: »Zehn mal zehn Gerichte – schnell gekocht«, »Geschmackliche Ausflüge nach Asien«, »Es muss nicht immer Fleisch sein«, »Bei mediterranen Reisen auf den Geschmack kommen« oder »Fränkische Genüsse«. Eine weitere Idee ist auch, biblische Gerichte zu kochen und das mit einem Bibelgespräch zu verbinden.
6. Interessant sind für Männer Gerichte, die sie auch zu Hause problemlos nachkochen können. Nicht zu banal, aber auch nicht zu aufwendig, so lautet die Regel.
7. Neben dem Kochen selbst sind Männer an Hintergrundinfos interessiert: Welches Messer empfiehlt der Küchenchef? In welcher Pfanne wird das Schnitzel goldbraun? Wie schneidet man Zwiebeln, ohne zu heulen? Wie macht man eine sämige Soße? Oder: Wie wird Fleisch mariniert?
8. Damit man während des Kochens nicht laufend mitschreiben muss, erhält jeder am Ende des Seminars die Rezepte für Zuhause.
9. Wenn jedes Team unterschiedliche Rezepte kocht, ist das gemeinsame Essen am Schluss besonders spannend. Welche Köstlichkeiten munden am besten? Hätte ich dieses Gericht ganz anders gekocht? Über Geschmack lässt sich bekanntlich hervorragend streiten.

10. Es gibt eigene Männer-Koch-Treffs, bei denen jedes Mal in einer anderen Wohnung gekocht wird. Dabei handelt es sich oft um einen Abendtermin im Monat. Interessant sind auch interkulturelle Kochtreffs, bei denen Männer mit Migrationshintergrund Gerichte aus ihrem Heimatland vorstellen und diese gemeinsam mit den Teilnehmern kochen.

Weitere Informationen

- Aufgrund seiner Erfahrung hat Chefkoch Klaus Walther am Hesselberg ein Kochbuch herausgegeben: Es heißt »Man(n) nehme«. Das kleine feine Kochbuch (nicht nur) für Männer enthält Rezepte aus 15 Jahren Männerkochkurs am Hesselberg. Vom leckeren Zwiebelrostbraten bis zum Apfelstrudel mit Vanillesauce. Etwa 250 Rezepte hat Klaus Walther zusammengetragen, übersichtlich gegliedert, Schritt für Schritt die Zubereitung und notwendige Einkaufsliste erläutert. Das Kochbuch kann über das Evangelische Bildungszentrum Hesselberg bezogen werden: www.ebz-hesselberg.de. Mittlerweile werden im Winterhalbjahr zwischen Anfang November und Mitte Dezember sieben Männerkochkurse am EBZ Hesselberg angeboten, die sehr beliebt und schnell ausgebucht sind. Eine frühzeitige Anmeldung empfiehlt sich. Das Seminar soll einen Einstieg in die Welt des Kochens aufzeigen und das »mit Erfolgsgarantie«.
- Einmal im Monat, immer am Donnerstagabend, gibt es beispielsweise Kochkurse im Kloster Plankstetten in Berching. Der Küchenmeister des Klosters kocht zwischen 18:30 und 22:30 Uhr mit ausschließlich ökologischen Lebensmitteln und Zutaten, die überwiegend aus den Klosterbetrieben stammen. Anmeldung und Infos unter www.kloster-plankstetten.de.
- Kochkurse gibt es auch hier: www.akademie-der-kochenden-kuenste.de in Fürth und im Hotel Kloster Holzen bei Augsburg: www.kloster-holzen.de

Literatur und Hinweise

Dr. Oetker: Das schmeckt Mann: Ein Männerkochbuch. München 2017.
Thomas Krause: Männerkochschule, 2. Aufl. München 2017.
Heike Malisic/Udo Eckert: Biblisch kochen. Eine kulinarische Reise durch die Bibel. Holzgerlingen 2011.
Hans-Peter Matkowitz: Heute koche ich. Das Kochbuch für Männer. Fränkisch-Crumbach 1999.
Jamie Purviance: Weber's Grillbibel. München 2010.
Paolo Sartor/Andrea Ciucci: Zu Tisch bei Abraham: Kochen mit der Bibel. 50 Rezepte aus zwei Jahrtausenden. Oberpframmern 2014.
Männer – Das ultimative Kochbuch: Schritt für Schritt – Fotokochbuch. Bernau 2018.

Download-Material zum Biografiespiel: www.vandenhoeck-ruprecht-verlage.com/Maennersachen (Code: 468*!Yqv)

Peter Tippl ist freier Redakteur. Er schreibt unter anderem für das Rothenburger Sonntagsblatt und mehrere Tageszeitungen.

5 Aufbruch in Richtung Sehnsucht – Männer pilgern

Oliver Gußmann

Beim Pilgern kommen Männer an ihre Grenzen und auch innerlich in Bewegung.

Wir Männer kommen bei der Jakobus-Statue vor der St.-Jakobs-Kirche in Rothenburg an. Jetzt, am Ziel, spüren wir Müdigkeit in den Beinen. Doch ein entspanntes Gefühl breitet sich aus. Endlich am Ziel! Die letzten 23 Kilometer der Tagesetappe von Colmberg bis hierher waren für manche von uns nicht einfach, aber alle haben es geschafft. Wir stellen uns im Halbkreis um die Bronzefigur vor St. Jakob auf. Einer zückt das Handy und macht ein Foto. Bevor wir in den nahegelegenen Biergarten gehen, gibt jeder in der Runde in einem kurzen Satz die eindrücklichste Erfahrung des Tages wieder: »Der Aufbruch heute Morgen fiel mir schwer, doch nach ein paar Kilometern ging es plötzlich wieder«, sagt einer. Und spricht damit eine Erfahrung aus, die andere auch gemacht haben, wenn sich die Folgen eines Muskelkaters zeigen.

Pilgern mit Männergruppen ist etwas ganz Besonderes: Es macht Freude, den Körper, die Natur, den frischen Wind und auch die Anstrengung zu spüren. Männer drücken sich gern körperbetont aus. Die Gespräche verlaufen ganz anders, als wenn Frauen dabei wären. Man(n) gibt ohne Frauen leichter zu, dass er auch Schwächen hat oder dass etwas anderes in ihm nagt. Deshalb muss es auch Angebote geben, bei denen sich reine Männer- oder reine Frauengruppen auf einen Pilgerweg begeben. Etwa 52 Prozent der Pilger, die in Santiago ankommen, sind Männer und 48 Prozent Frauen. Die Zahlen sind also nahezu ausgeglichen. Doch das Erleben und die Bedürfnisse beim Pilgern sind bei Frauen und Männern durchaus unterschiedlich gelagert. Männer möchten sich gerne körperlich betätigen, raumgreifend ausschreiten, sich auf ein konkretes Ziel hinbewegen. Männer erfahren die Gemeinschaft in einer Pilgergruppe anders, als Frauen dies tun.

Dabei erlebt das Pilgern überhaupt eine Renaissance: Wirft man einen Blick in die Bibel, so ereignen sich viele der darin geschilderten Erfahrungen des Glaubens nicht zu Hause oder auf Kirchenbänken, sondern auf dem Weg: Die Israeliten brechen aus Ägypten auf und begeben sich mit Mose auf einen risikoreichen Weg durch die Wüste. Dort erfahren sie, wie Gott sie vor dem Verhungern bewahrt und sättigt und aus Kriegsgefahr rettet. Jesus ist mit seinen zwölf Jüngern in Galiläa und nach Jerusalem unterwegs. Sie sprechen, fragen und diskutieren miteinander auf dem Weg, und Jesus zeigt seinen Weggefährten, wie Gott ist. Die Bilder und Vergleiche, die er verwendet, stammen aus dem, was sich am Wegesrand befindet: Feigenbäume und Felder, aber auch brennende Fragen: Wie trifft Gottes Botschaft auf die Ohren von Menschen wie auf unterschiedliche Böden? Was machst du, wenn plötzlich ein Notleidender am Wegrand liegt?

Oft spielen Männer schon jahrelang mit dem Gedanken, das Pilgern zu wagen, doch erst eine Krise oder eine Auszeit vom Beruf oder von familiären Verpflichtungen treibt sie dazu, ihrer Sehnsucht nachzugeben und den Aufbruch auf den Pilgerweg zu wagen. Dabei ist gerade der Start leicht: Der Jakobsweg beginnt immer da, wo man wohnt. Manche Männer brauchen erst Zeit für sich, um auf den Weg zu finden. Oder auch in einer Männergruppe, um aufzutauen. Selten ist im Alltag Zeit, über das zu reden, was Männer innerlich bewegt. Gemeinsam in Bewegung zu sein, bringt aber auch innerlich Gedanken in Bewegung und Sichtweisen verändern sich.

Bewusst zu schweigen oder in der Gruppe einzeln zu gehen, kann es Männern in mancherlei Hinsicht leichter machen. Im Schweigen zu laufen, eröffnet neue Gedankenräume. Dabei kann ein Bibelwort zugesprochen oder auch auf einem Zettel notiert werden. Das Nachdenken beim Gehen setzt eine Fülle von Gedanken und Assoziationen frei. Männer beschreiben das häufig als Bereicherung ihres Glaubens.

Viele Pilger gehen allein, doch nicht jeder ist ein »einsamer Wolf«. Die meisten schätzen den Austausch in einer Gemeinschaft von Weggefährten. Sie machen beim Pilgern Erfahrungen, die in der Gesellschaft normalerweise nicht gelten: Auf dem Pilgerweg zählt nicht der gesellschaftliche Status, der Beruf oder das Sozialprestige, sondern, wer man als Mensch ist. Daher ist es möglich, sich beim Pilgern ohne jene vorgefassten Rollenkonzepte zu begegnen, die sonst in der Männerwelt als wichtig erachtet werden. Auch die Gruppe als Ganze hat beim Pilgern zunächst keine so große Relevanz: Wenn Männer Seite an Seite einen längeren gemeinsamen Weg gehen, kommen sie oftmals in ein intensives, freundschaftliches Gespräch miteinander und tauschen sich aus, wie es vor der ganzen Gruppe nicht in gleicher Weise möglich wäre. Sogar Verletzungen oder Verwundungen werden dabei ausgesprochen und miteinander besprochen. Erst danach, bei der Abendreflexion oder im Rückblick erzählen manche, dass sie dabei eine wertvolle Dialogerfahrung gemacht haben.

Männer öffnen sich beim Pilgern der Schöpfung und Natur in einer neuen und ungewohnten Weise. Eine hilfreiche Methode, sich auf die Wahrnehmung der Natur einzustimmen, ist der »Fünf-Sinne-

Check«. Dabei konzentriert man sich im Stehen 10 bis 15 Sekunden lang auf einen der fünf Sinne. Der Pilgerbegleiter spricht der Reihe nach die Sinne an: »Was sehe ich?« – 10 bis 15 Sekunden Stille-Pause – dann: »Was rieche ich?« – 10 bis 15 Sekunden Stille-Pause – und so weiter. Danach geht man in der Gruppe schweigend ein Wegstück und konzentriert sich auf den Sinn, der einen am meisten angesprochen hat. Anschließend tauscht man sich in der Runde kurz über das Wahrgenommene aus: Blätterrauschen, das intensive Grün der Wiese, der Geruch von Waldboden. Für mich als Pilgerbegleiter hat es sich als gut erwiesen, ein kleines Notizbuch mit spirituellen Texten und Notizen mitzuführen.

Zehn Tipps zur Umsetzung

1. Ein Pilgerangebot für Männer kann wenige Stunden dauern, aber auch für eine ganze Woche geplant werden. Mögliche Wege gibt es überall, es muss kein Jakobsweg sein. Im Prinzip eignet sich jeder Wanderweg, der vor der Haustür liegt. Aber auch eine Strecke um einen See kann als Pilgerweg genutzt werden. Ein einziger Pilgertag ist manchmal schon ausreichend, um auf den Geschmack des Pilgerns zu kommen. Tiefergehende körperliche oder auch gruppenspezifische Erfahrungen macht »Mann«, wenn man längere Zeit gemeinsam unterwegs ist.
2. Für unerfahrene Pilger/Wanderer mit durchschnittlicher Kondition sind 20 bis 25 Kilometer ein tägliches Pensum, das in der Regel gut bewältigt werden kann. Abhängig von Beschaffenheit der Strecke, Gewicht des Rucksacks, Wetterlage und persönlicher Kondition variieren die Etappenlängen zwischen 15 und 40 Kilometern. Um herauszufinden, wo man selbst konditionell steht, sollten auf jeden Fall mehrere Trainingstouren im Vorfeld absolviert werden.
3. Übernachtung und Essen erfordern einen höheren organisatorischen Aufwand. Gemeinschaftsquartiere in Gemeindehäusern ohne Duschen und mit nächtlichem Schnarchkonzert sind nicht jedermanns Sache. Klassische Pilgerherbergen, private Gasthäuser oder normale Pensionen sind daher eine gute Alternative.

4. Das Gewicht des Wanderrucksacks sollte nach einer Faustregel nicht mehr als zehn Prozent des eigenen Körpergewichtes ausmachen. Beim Kauf des Rucksacks sollte auf ein geringes Eigengewicht geachtet werden. Im Sommer reichen zum Pilgern schon wenige Kleidungsstücke, z. B. drei bis vier T-Shirts, drei Hosen und eine Regenjacke. Auch an Sonnencreme und Mückenmittel sollte gedacht werden.
5. Wichtig sind gute, eingelaufene Wanderschuhe, wettergerechte Kleidung und ausreichend Wasser für unterwegs. Packlisten findet man im Internet, doch sollte man nur das Allernötigste mitnehmen. Manches kann man auch miteinander teilen bzw. aufeinander aufteilen.
6. In einer Ausschreibung muss der verantwortliche Pilgerbegleiter genannt werden, eine tragende Institution (Kirchengemeinde, Verein, Bildungswerk etc.), die Kosten, die Wegdistanz und die Anforderung an die körperliche Konstitution.
7. An jedem Abend sollte man eine Reflexionsrunde einlegen, bei der kurz die körperliche Verfassung und die Erfahrung des Tages benannt werden. Männer werden manchmal sehr schweigsam, wenn sie ein Handicap haben ...
8. Es muss jederzeit die Möglichkeit geben, einen Pilgerweg abzubrechen, wenn die Kräfte nachlassen oder sich eine Krankheit anbahnt. Dies muss von Anfang an kommuniziert werden.
9. In der Regel wird zwischen April und Oktober gepilgert. Im Bereich der Evangelischen Landeskirche in Bayern beginnt die Pilgersaison am Ostermontag oft mit einem Emmausgang oder Emmauspilgern. In dieser Zeit sind so gut wie alle Herbergen geöffnet. Eine besondere Herausforderung für Männer ist das Winterpilgern. In München z. B. bietet der evangelische Religionspädagoge und ausgebildete Pilgerbegleiter Michael Kaminski unter dem Titel »raue Tage« Dreikönigspilgern für Männer im Januar an.
10. Pilgerangebote können auch einen Männertag oder den jährlichen Männersonntag aufwerten. Nach dem Gottesdienst gibt es einen Männer-Brunch und dann geht es hinaus in die Natur zum Pilgern mit geeigneten spirituellen Impulsen für unterwegs.

Ansprechpartner und Adressen

- Pfarrer Oliver Gußmann, Referent für Pilgern am Gottesdienstinstitut der Evangelischen Landeskirche in Bayern, Sperberstraße 70, 90461 Nürnberg, Mail: pilgern@elkb.de
- Pilgerbegleiter-Qualifizierung: Wer gerne in der Männerarbeit einen Schwerpunkt auf das Pilgern legen möchte, kann bei der zwölftägigen Pilgerbegleiter-Qualifizierung das notwendige Rüstzeug mitbekommen. Infos dazu gibt es beim Gottesdienst-Institut Nürnberg: www.gottesdienstinstitut.org
- Pilgerbüro an St. Jakob Nürnberg, Jakobsplatz 1, 90402 Nürnberg, www.jakobskirche-nuernberg.de/pilgern
- Studienleiter Michael Kaminski nimmt bei seinen Pilgerangeboten oft auch die Lebensübergänge von Männern in den Blick: Raue Tage, Pilgern vor dem Ruhestand. Homepage: www.annahof-evangelisch.de
- Das bayerische Netzwerk Pilgern: www.pilgern-bayern.de
- Angebote der Landeskirche Hannovers: www.kirchliche-dienste.de/arbeitsfelder/pilgern
- »Evangelisch Pilgern im Rheinland«: www.ekir.de/pilgern
- Angebote der Nordkirche: www.nordkirche.de/dazugehoeren/aufreisen/pilgern/
- Infos der katholischen Kirche in Deutschland: www.katholisch.de/aktuelles/dossiers/pilgern-auf-dem-weg-zu-gott
- Deutsche Jakobswege finden sich hier: www.deutsche-jakobswege.de/
- Fast alles, was man zur Ausrüstung wissen muss: www.pilgerwissen.de

Spirituelle Stopps unterwegs

Hape Kerkeling (2009) hat es so beschrieben: »Pilgern ist die Suche nach Gott. Und wer nach Gott sucht, wird unweigerlich über das eigene Ich stolpern!« Pilgern ist nicht gleich Wandern. Das Gehen gibt den Rhythmus vor, der hilft, zur Ruhe zu kommen. Pilgertage bieten die Gelegenheit, innezuhalten und neue Erfahrungen zu machen – mit sich, mit anderen und mit Gott. Andachten am

Morgen, am Mittag und am Abend strukturieren den Weg, führen in die Stille, ins Gebet und ins Hören auf Gottes Wort. Besonders eignen sich Symbole und das, was buchstäblich auf dem Weg liegt, um ins Nachdenken zu kommen. Das kann eine Quelle sein, eine Kreuzung, ein alter Baumstumpf mit Jahresringen, ein Blatt, eine Wurzel oder ein Wanderrucksack, den jeder mit sich trägt. Natürlich eignet sich auch ein Stopp bei einem Marterl/Heiligenbild oder bei einer Kapelle für eine Andacht, für Gebete, Gesang oder Stille.

Beispiel für eine Morgenandacht

Eröffnung
Einer: Am Anfang, ganz am Anfang, als alles noch dunkel war, sprach Gott: Es werde Licht.
Alle: Und es ward Licht. *(Kerze anzünden)*
Einer: Am Anfang, als alles noch lautlos war, war das Wort bei Gott.
Alle: Und Gott wollte es nicht für sich behalten, sondern mitteilen.
Lesung aus der Bibel oder aus dem Losungsbuch.
Einer: Als die Zeit erfüllt war, sandte Gott Jesus Christus.
Alle: Er kam zu uns. Er wurde unser Menschenbruder.
Einer: Am Anfang dieses Tages sammeln wir uns um Gottes Licht, Wort und Kreuz.

Kanon (EG 456)
Vom Aufgang der Sonne bis zu ihrem Niedergang sei gelobet der Name des Herrn, sei gelobet der Name des Herrn.

Gebet
Einer: Lasst uns beten.
Alle: Am Morgen bist du, Gott, und am Abend, am Anfang und Ende der Welt. Wir danken dir für die Ruhe der Nacht. In dir beginnen wir diesen Tag, mit dem Atem und der Stärke, die du uns geschenkt hast.
Einer: Gib uns offene Ohren für dein Wort. Gib uns offene Augen für die Spuren deiner Gegenwart in deiner Welt. Gib uns offene Herzen füreinander.

ALLE: Wir wollen aus deiner Hand nehmen, was der Tag uns bringen mag. Wir loben deine Barmherzigkeit und Liebe mit allen Menschen.

Lied (EG 181.6)
Laudate omnes gentes, laudate dominum. Lobt Gott, ihr Völker alle, lobsingt und preist den Herrn.

Meditation
EINER: Seht eure Hände an. Seht die Zärtlichkeit und die Kraft, die in ihnen liegt.
ALLE: Sie sind Gottes Geschenk für die Welt.
EINER: Seht eure Füße. Seht die Wege, die sie gehen sollen.
ALLE: Sie sind Gottes Geschenk für die Welt.
EINER: Seht eure Herzen, seht das Feuer und die Liebe in ihnen.
ALLE: Sie sind Gottes Geschenk für die Welt.
EINER: Seht die anderen Menschen, die anders leben und glauben.
ALLE: Sie sind Gottes Geschenk für die Welt.
EINER: Seht die Schönheit der Schöpfung, das Vergehen und Neuwerden.
ALLE: Sie sind Gottes Geschenk für die Welt.

Vaterunser

Segen
Gott segne den Weg, den wir gehen, die Menschen, denen wir begegnen, und das Ziel dieses Tages. Er behüte uns und schenke uns seinen Frieden.

Andacht nach Texten der Kommunität Iona/Schottland, bearbeiteter Text aus: »Auf und werde. Der geistliche Begleiter für Pilgerwege« der Evangelischen Kirche im Rheinland, S. 7, https://www.ekir.de/pilgern/Downloads/impulse_morgenandacht.pdf (Zugriff am 19.3.2019).

Lied »Du hast uns, Herr, gerufen« (EG 168, 4–6)

Eine Atemübung für unterwegs
Ich stelle mich mit beiden Beinen aufrecht hin.
Ich spüre, wie ich auf dem Boden verwurzelt bin.
Der Untergrund trägt mich, ich stehe fest und sicher.
Ich lege die Hände auf meinen Bauch unterhalb des Nabels.
Ich atme ganz bewusst ein und aus.
Ich nehme wahr, wie sich mein Oberkörper mit Sauerstoff füllt.
Beim Ausatmen lasse ich den Atem durch den Bauch,
über die Beine und Füße in den Boden fließen.
Beim Einatmen spreche ich leise »Siehe, mein Gott«.
Beim Ausatmen spreche ich leise »Ich bin bei dir«.
Nach dem Ausatmen mache ich eine Pause und warte,
bis der Atem wieder von selbst in mich einströmt.

Literatur

Paulo Coelho: Auf dem Jakobsweg. Tagebuch einer Pilgerreise nach Santiago de Compostela (1987). Zürich 1999 (Der Jakobsweg in Spanien, begangen als verstörendes Abenteuer und spirituelle Prüfung eines Mannes).

Amélie zu Dohna: Glaube auf dem Weg. Impulse zum Pilgern. Göttingen 2018 (Buch im handlichen Format mit meditativen Anleitungen, Segen und Gebeten, Impulsfragen und vielseitig einsetzbaren Methoden).

Michael Kaminski: Pilgern mitten im Leben. Wie deine Seele laufen lernt. Freiburg 2016. (Nimmt die wichtigsten Lebenssituationen in den Blick, stellt sechs innere Wege vor und fasziniert für das Pilgern).

Hape Kerkeling: Ich bin dann mal weg. Meine Reise auf dem Jakobsweg, 2. Aufl. München 2009.

Bernd Lohse (Hg.): Auf und werde. Der geistliche Begleiter für Pilgerwege. Kiel 2009. (Kleines, sehr brauchbares Buch für Einsteiger mit vielen grundlegenden Texten, Liedern und Methoden zum Thema Pilgern).

Peter Müller: Auf gutem Weg. 7 × 7 Pilgerkarten. Münsterschwarzach 2014. (Set im Spielkartenformat mit spirituellen Texten und Bildern zur Auswahl für verschiedene Anlässe beim Pilgern).

Dr. Oliver Gußmann ist Gäste- und Touristenpfarrer der Evang.-Luth. Kirchengemeinde St. Jakob in Rothenburg ob der Tauber und Referent für Pilgern am Gottesdienstinstitut der ELKB in Nürnberg.

6 Das Leben ist wie ein langer Fluss – Vater-Kind-Wochenende

Oliver Tönshoff und Günter Kusch

Von Kanus, Fackeln und verrückten Vögeln.

Langsam schlängelt Rauch zwischen den Kohlen hervor. Zwei Väter geben dem Grill kräftig Zunder. Tische und Bänke werden aufgestellt. Kinder toben durch den Garten und durchs Haus. Es dauert nicht mehr lange, bis die Gruppe vollständig ist. Aus ganz Bayern kommen sie angereist, Väter und ihre Kinder, die an diesem Wochenende in Nedensdorf bei Bad Staffelstein eine Art Familie auf Zeit bilden. Die Arbeit, der Alltag, der Stress der Woche spielen hier nur am Rande eine Rolle, in den Gesprächen, die sich zufällig ergeben. An den drei Tagen geht es in erster Linie darum, die Vater-Kind-Beziehung zu stärken, die sonst oft auf der Strecke bleibt. Das Wochenende ist meist ausgebucht.

Bei der Kennenlernrunde wird mit einem armstarken Seil ein Kreis gebildet. Die Papas bringen Spannung auf das Seil, sodass mutige Kinder darauf steigen und einen Rundlauf versuchen können. Väter tragen ihre Kinder, später dann sogar Kinder ihre Väter – ein erstes Gemeinschaftsgefühl entsteht. Und der Gedanke: Wir alle tragen daran mit, unseren Kindern einen Weg zu eröffnen, der Mut und Geschick erfordert, bei dem wir aber nicht auf uns allein gestellt sind. Die Kraft der Väter und die Spannung des Seils schafften etwas, wozu keiner allein in der Lage gewesen wäre. Am Abend sitzen die Väter noch lange zusammen. Die Themen – Vereinbarkeit von Beruf und Familie, ein Jobwechsel, die pflegebedürftige Mutter – ergeben sich wie von selbst. Selten gibt es im Alltag die Möglichkeit, darüber mit anderen Männern zu sprechen. Oft fehlt es auch an »echten Freunden«, mit denen man sich darüber austauschen kann.

Am Morgen wird die Gruppe am Haus abgeholt. Im Auto-Konvoi geht es zur Einstiegsstelle. Ein Diplom-Sozialpädagoge des Kanuverleihs gibt erste Einweisungen fürs Kanufahren. Und dann geht es auch schon ins Wasser. Dabei wählt jede Vater-Kind-Einheit ihr eigenes Tempo. Die einen paddeln langsam vor sich hin, die anderen lassen sich treiben und genießen die vorüberziehende Natur. Kanu-Grüppchen bilden sich und lösen sich wieder auf. An der einen oder anderen Stelle springen Klein und Groß ins Wasser oder tragen muntere Wettkämpfe aus. Die Langsamkeit des Flusses schenkt Zeit, sich im Boot zu unterhalten – über Libellen, Bäume, Blumen und andere vorüberziehende Sehenswürdigkeiten, aber auch über Familienthemen.

Rechtzeitig zur Mittagspause erreichen die Kanuten den Spielplatz in Nedensdorf. Dort wurde bereits ein Tisch mit Leckereien aufgebaut. Salate, Würstchen, Kuchen, Getränke – es fehlt an nichts. Die Sätze aus Psalm 23,2 passen an dieser Stelle ganz gut: »Er weidet mich auf einer grünen Aue und führt mich zum frischen Wasser. Er erquicket meine Seele.« Die Kinder nutzen die freie Zeit auch dazu, einmal allein das Kanu in Fahrt zu bringen. Auch das gehört dazu: eigene Wege einschlagen, ohne erwachsene Unterstützung loslegen und ein wenig Bewunderung seitens der Väter erhaschen. Manch Vater-Kind-Gespann genießt auch nur die Sonne im Liegen auf der Wiese.

Zeit haben, um miteinander die Sonne, das Wasser, die Vögel und das Grün zu genießen. Auf die Stille hören und den eigenen Paddelschlag als einzige Kraft erleben, die zur Fortbewegung nötig und möglich ist. Das gemeinsame Unternehmen, das Vater-Kind-Abenteuer an diesem Tag im Kanu hat manche ohne viel Zutun in ihrer Vater-Kind-Beziehung gestärkt. Das Kind probiert sich aus, macht neue Erfahrungen und weiß dabei den starken und schützenden Arm des Vaters direkt hinter sich. Der Vater, der dem Kind den Rücken stärkt, hinter ihm sitzt und es immer im Blick hat – das sind Momente, die keiner so schnell vergisst. Gegenseitige Ergänzung und unscheinbare wortlose Korrektur geben dem Kind das Gefühl, angenommen und geliebt zu sein. Neues ausprobieren, mal kraftvoll und mal gar nicht zu paddeln. Sich mal einfach nur treiben zu lassen und miteinander zu schweigen. Ein Erleben der besonderen Art.

Nach der Kanutour und einem Biergartenbesuch gibt natürlich keiner zu, dass er müde ist. Eine kleine Fackelwanderung, jetzt noch, nach 22 Uhr? »Logo«, meint Tim. Der Zehnjährige hat sich darauf schon lange gefreut und will sich diesen nächtlichen Ausflug nicht entgehen lassen. Eine Gitarre, ein paar Lieder und eine Gute-Nacht-Geschichte beim Licht von Kerzen und einer Taschenlampe. Dann schlafen, denn auch eine Kanu-Tour sorgt für die nötige körperliche Erschöpfung und einen gesunden Schlaf.

Einer der Höhepunkte ist an diesem Wochenende der Gottesdienst auf der Wiese nahe des Mains. Unter Bäumen sitzend, dem Rauschen des Flusses lauschend, die meditativen Klänge der Gitarre – man nimmt sich noch einmal in den Blick, als Gruppe, die nun wieder auseinandergeht, Große und Kleine. Im Mittelpunkt steht heute das witzig gestaltete Bilderbuch von Chris Haughton: »Pssst, wir haben einen Vogel« heißt es. Inhaltlich geht es darum, was Große von Kleinen lernen können. Wenn sich nämlich drei große Kerle sicher sind, wie man einen Vogel fangen kann, dann stören kleine Kerle nur. Sie haben gefälligst still zu sein. Doch der kleine Kumpel vereitelt ihren Plan immer wieder und schafft es schließlich, ganz viele Vögel anzulocken. Hätten sie nur miteinander geredet, die Großen und die Kleinen, dann hätten sie von Anfang an mehr Freude an der Buntheit der Welt.

Kurz vor der Abreise ist noch Zeit für einen Rückblick sowohl der Kinder als auch der Erwachsenen. Tenor dieser Feedback-Runde sind Dankbarkeit für die gemeinsame Zeit, Freude am Erlebten miteinander im Boot auf dem Fluss. Für manchen Vater war es das erste Mal, bei einer kirchlichen Gruppe dabei zu sein. Joachim, der schon am Freitag anmahnte, man möge ihn nicht bekehren, vergleicht den Lauf des Flusses mit einem Lebenslauf. Da gebe es stilles Gewässer, wo alles gut läuft, aber auch Strudel, die einen nach unten ziehen. Die Frage sei, welche Boote einen in solchen Momenten tragen. Eine kleine Runde über das Tragende im Leben beschließt diesen Abschluss-Teil.

Auf dem Weg bleiben. Im eigenen Leben und miteinander. Das Leben teilen und sich im gemeinsamen Tun ergänzen. Das sind die Dinge, die das Leben so lebenswert und reichhaltig machen. Erlebnisse, die im Herzen als wertvoll bleiben und auch nach Jahren noch in der Erinnerung sind. Welcher Vater wünscht sich das nicht für sein Kind? Im nächsten Jahr geht es wieder aufs Wasser. Darauf freuen sich nach diesem Wochenende bereits viele Kleine und Große. »Pssst« sagt da keiner mehr. Denn wer zum Schweigen verurteilt wird, von dem kann keiner etwas lernen.

Zehn Tipps zur Umsetzung

1. Für Vater-Kind-Freizeiten eignen sich Selbstversorgerhäuser am besten. Es müssen Absprachen getroffen werden, wer wann kocht, wer wo schläft und wer morgens die Brötchen holt. Das stärkt die Gruppe und den Austausch.
2. Das Selbstversorgerhaus sollte unterschiedliche Zimmergrößen zur Verfügung stellen, da einige Väter mit drei oder vier Kindern anreisen. Es macht den Kindern auch Spaß, einmal mit anderen Kindern ein Zimmer zu teilen.
3. Ein Grill- und Feuerplatz sowie eine Wiese für Fußball oder Actionspiele sollten auf dem Gelände integriert sein. Gerade

das abendliche Singen am Lagerfeuer bleibt lange im Gedächtnis. Auch ein sportlicher Wettkampf wie »Spiele ohne Grenzen« kann angeboten werden.
4. Am besten ist es, einen professionellen Kanuverleiher mit ins Boot zu holen. Er liefert die nötigen Kanus, übernimmt die Einweisung, hat Schwimmwesten dabei und kann möglicherweise sogar für eine schmackhafte Mittagspause sorgen.
5. Ist man zu zweit unterwegs und paddelt das Kind nur temporär, ist ein Kajak besser geeignet, da man es auch allein gut steuern kann. Fahren mehrere Personen, sind Kanadier die bessere Wahl. Die Kinder sollten mindestens 7 Jahre alt sein und schwimmen können. Das Alter der mitfahrenden Kinder richtet sich auch nach den Herausforderungen des jeweiligen Flusses.
6. Ein Erlebnispädagoge im Team kann kreative Einheiten anbieten. Gerade am Abend, wenn die Väter das Abendessen vorbereiten, ist so für Abwechslung gesorgt. Aber auch tagsüber können sich Groß und Klein bei Wettkämpfen, auf der Slackline oder bei Teambuilding-Einheiten austoben bzw. besser kennenlernen.
7. Da am Sonntag das Haus gereinigt und aufgeräumt werden muss, ist es sinnvoll, in einer nahen Gaststätte Plätze für das Mittagessen zu buchen. So kommt am Ende kein Stress auf und es bleibt Zeit für eine Feedback-Runde.
8. Kanutouren sollte man immer aus Sicht der teilnehmenden Kinder planen, das heißt: auf die Kleinen und Schwächeren Rücksicht nehmen. Nicht vergessen, Raum und Zeit für Landgänge, Beobachtungen, Spielpausen und Imbiss einzuplanen.
9. Für schlechtes Wetter sollte man stets ein Ausweichprogramm (Plan B) parat haben. Eventuell gibt es ein Hallenbad in der Nähe oder einen Indoor-Spielplatz mit Café.
10. Ein Abschlussgottesdienst am Sonntag ist im Freien am schönsten, eventuell direkt neben dem Fluss, den man am Vortag befahren hat.

Ansprechpartner

- »forum männer« im Amt für Gemeindedienst der ELKB in Nürnberg: www.maennerarbeit-bayern.de
- Vaeter-Netz.de: Der Christliche Verein Junger Menschen (CVJM) Apen und das Evangelische Bildungswerk Ammerland bieten beispielsweise Kanutouren für Väter und Söhne an.
- Die Landesarbeitsgemeinschaft Väterarbeit in Nordrhein-Westfalen hat viel Erfahrung bei Vater-Kind-Angeboten und berät auch zum Thema »Kanu fahren«: www.lag-vaeterarbeit.nrw
- Boots-Verleih gibt es an den meisten Flüssen bzw. Seen in Deutschland. Es lohnt sich natürlich, die Preise zu vergleichen. Einige Kirchengemeinden besitzen ebenfalls Boote. Aber auch in Bildungszentren ist es mitunter möglich, Kanus zu mieten (zum Beispiel im Evangelischen Bildungs- und Tagungszentrum Pappenheim).
- Erlebnispädagogen findet man an Volkshochschulen, bei Bildungswerken, dem CVJM, über Kletterparks oder über den Bayerischen Jugendring, die Evangelische Jugend. Hilfe und Tipps gibt es auch hier: www.new-institut.de/new/zweigstelle-bayern/team und www.new-institut.de/new/zweigstelle-mainz

Ablauf eines Wochenendes

Freitag:
- Ankommen am Spätnachmittag
- Zimmer (Betten) beziehen
- Abendessen
- Kennenlernen, erste spielerische Erlebnisse (z. B. Seil-Kreis, Zuwerfen eines Wollknäuels mit Namensnennung oder »Ich bin … und packe in meinen Koffer«)
- Abschluss mit Stockbrot am Lagerfeuer

Samstag:
- Frühstück
- Aufbruch
- Einführung ins Kanufahren, Verteilung Schwimmwesten

- Kanu-Zeit auf dem Wasser mit Mittagsimbiss und Abholung durch den Kanu-Verleih
- Abendessen am Haus
- Nachtwanderung mit Fackeln
- Abendsegen oder Gute-Nacht-Ritual

Sonntag:
- Frühstück
- Aufräumen und Packen
- geistlicher Impuls bzw. Gottesdienst im Freien
- Mittagessen z. B. im lokalen Gasthaus mit Abschlussrunde, Feedback
- Verabschiedung, Reisesegen und Heimreise

Beispiel für einen Gottesdienst am Sonntag im Freien

Vorspiel (mit Gitarre)

Begrüßung und Hinführung zum Thema
»Manchmal haben die Großen einen Vogel«. Oder sie haben einen Plan. Oder zu wenig Zeit. Und immer viel zu tun. Die Kleinen sind da nur im Weg. Die Großen sagen dann oft: Geh nach draußen zum Spielen oder einfach nur »Pssst, sei doch mal leise, du störst unsere tiefsinnigen Überlegungen und Pläne.« Warum die Kleinen wertvoll sind und manchmal tolle Ideen haben, davon hören wir heute im Gottesdienst, den wir mit einem fröhlichen Lied beginnen.

Lied: Morgenlicht leuchtet (EG 455)

Gebet
Lieber Gott, wir danken dir für die Ruhe der Nacht und für das Licht eines neuen Tages. Wecke unser Herz auf, mache unsere Sinne klar. Gib uns Liebe für alle, die uns heute begegnen. Für unsere Familie und Freunde, aber auch für alle, die mit uns auf dieser Vater-Kind-Freizeit zusammen waren. Wir alle sind deine Kinder. Amen.

Lesung als Erzählung mit kurzer Auslegung: Jesus und die Kinder (Markus-Evangelium Kapitel 10)

Lied: Alles muss klein beginnen (aus: Mehr Lieder, 3[1])

Erzählung

nach dem Buch von Chris Haughton: »Pssst! Wir haben einen Vogel«[2]. Nach der Erzählung schließt sich ein kurzer Austausch mit den Kindern und Vätern an:
- Kennt ihr das, dass Kinder manchmal stören?
- Auch Eltern nerven mitunter.
- Was können Kinder besser als Eltern?
- Denkt an die Geschichte der Bibel zurück. Was war da ähnlich? Jesus lädt die Kinder ein, zu ihm zu kommen. Erwachsene sollen Kinder ernst nehmen und sie miteinbeziehen.

Lied: Gut, dass wir einander haben (aus: Mehr Lieder, 30)

Kreative Phase

Eine Origami-Taube erwacht zum Leben – gemeinsames Basteln mit der Origami-Falttechnik: *Eine gute Anleitung gibt es im Internet: youtu.be/oH_cYnYOO1I*

Lied: Wenn einer sagt, ich mag dich (aus: Mehr Lieder, 121)

Gebet

Wir danken dir, Gott, dass du zu uns Menschen kommst und für uns da bist. Du bist bei uns zu Hause, in der Schule, in der Arbeit, in der Freizeit und dort, wo wir spielen. Wir denken jetzt an die vielen Menschen, die in Not sind. Komm du auch zu ihnen mit deiner Hilfe. Schicke zu den Kranken und Einsamen einen Freund. Schicke zu dem Hungrigen einen, der ihm zu essen gibt. Schicke zu dem

---

1 Mehr Lieder. Kirche unterwegs. 2009.
2 Chris Haughton: Pssst, wir haben einen Vogel. 2015. (Ich nehme die englische Ausgabe, weil sie sprachlich pfiffiger gestaltet ist und für jeden verständlich ist).

Traurigen einen, der ihn froh macht. Zeige auch uns, wo wir helfen können, und gib uns den Mut und die Kraft dazu. Amen.

Vaterunser

Segenslied: Komm, Herr, segne uns (EG 170, Mehr Lieder 85)

Reisesegen

Herr, unser Gott
und Gott unserer Väter,
möge es dein Wille sein,
uns in Frieden zu leiten, unsere Schritte
auf den Weg des Friedens zu richten,
und uns wohlbehalten
zum Ziel unserer Reise zu führen.
Behüte uns vor aller Gefahr,
die uns auf dem Weg bedroht.
Bewahre uns vor Unfall
und vor Unglück,
das über die Welt Unruhe bringt.
Segne die Arbeit unserer Hände.
Lass uns Gnade und Barmherzigkeit
vor deinen Augen finden;
Verständnis und Freundlichkeit
bei allen, die uns begegnen.
Höre auf die Stimme unseres Gebetes.
Gepriesen seist du, o Gott,
der du unser Gebet erhörst.
(Altes jüdisches Reisegebet)

Literatur

Johannes Friebel: Kajak-Selbstbau. Lindau 2012.
Michael Hennemann: Deutschland zu Fluss. Die 50 schönsten Kanurouten. München 2018.
Rainer Höh: Kanu-Handbuch. Praxis-Ratgeber für Anfänger und Fortgeschrittene, 9. Aufl. Bielefeld 2018.
Nicolas Lätt: Outdoor-Kids. Bushcraft und Abenteuer mit Kindern für jede Jahreszeit. Aarau 2018.
Alfons Zaunhuber: Die schönsten Kanutouren in Bayern. Herausgegeben vom Deutschen Kanu-Verband. Duisburg 2013.

Oliver Tönshoff ist Mitglied im Landesarbeitskreis der Evangelischen Männerarbeit in Bayern (»forum männer«).

Günter Kusch, Pfarrer, ist Referent für Männerarbeit des forums männer im Amt für Gemeindedienst (afg) der ELKB in Nürnberg und Geschäftsführer der Evangelischen Männerarbeit in Bayern.

7 »Trommle, mein Herz, für das Leben« – Trommelbaukurs

Andrea Linhard und Volker Linhard

Trommeln bauen mit Vater und Sohn oder im 1plus1-Team.

Das 1plus1-Trommelbau-Wochenende hat eine Vorgeschichte. Ich (Volker Linhard) habe zwölf Jahre lang Vater-Sohn-Wochenenden für Männer mit ihren acht- bis zwölfjährigen Söhnen im Gästehaus der Christusbruderschaft in Selbitz angeboten. Zuerst mit meinem älteren Sohn, dann mit dem jüngeren. Dabei hat sich aufgrund der gemachten Erfahrungen ein bestimmtes Konzept entwickelt.

Am Samstagvor- und -nachmittag verwirklichen Vater und Sohn im Zweierteam ein kreatives Projekt. Natürlich gibt es auch gemeinsame Programmpunkte (Kennenlernen, Nachtwanderung, Baseball spielen, Lagerfeuer, »Männer«-Gottesdienst), aber das Herzstück des Wochenendes ist das Projekt am Samstag, bei dem Vater und Sohn viel Zeit zusammen verbringen. Zeit, in der sie kreativ und praktisch tätig sind. Zeit, in der etwas Handgreifliches entsteht. Zeit, in der sie sich mit ihrem Gegenüber auseinandersetzen müssen, in der sie gemeinsam planen, überlegen, Ideen entwickeln und verwerfen, in der sie auch streiten und Kompromisse finden müssen. Und Zeit, in der sie ihre Ideen dann in die Tat umsetzen, in der sie etwas schaffen, worauf sie später stolz sein können. Dabei wächst ihre Beziehung und festigt sich. Wir haben mit Holz gearbeitet,

Ytong-Steine behauen, Boote, Roboter, Labyrinthe gebaut, Spiele erfunden und gebastelt oder Hütten im Wald zum Übernachten errichtet.

Immer wieder bestätigen mir gerade die Männer, wie wichtig ihnen diese intensive Zeit zusammen mit ihren Söhnen ist. Getrennte Einheiten für Väter und für Söhne unter sich gibt es darum bei diesen Wochenenden nicht. Die Zeit gehört vor allem dem Zweierteam und ebenso der Gesamtgruppe.

Nicht nur für kleine und große Männer

Bis vor einigen Jahren hat meine Frau Andrea auch Mutter-Tochter-Wochenenden angeboten, dort sind die Mädchen zwischen 12 und 16 Jahre alt. Das Konzept ist ähnlich. Mir aber lagen die Jungs im jüngeren Alter mehr am Herzen.

Nun haben uns immer wieder Väter und Mütter angesprochen, die eben Töchter bzw. Söhne haben. Und die Idee, mit Großeltern und Enkeln etwas zu machen, scheiterte an den geringen Teilnehmendenzahlen. Also entwickelten wir das Angebot 1plus1-Wochenende. In der Ausschreibung heißt es: 1 Erwachsener plus 1 Jugendlicher ab 10 Jahre (z. B.: Elternteil-Kind, Paten-Patenkind, Großeltern-Enkel, Tante, Onkel, Nichte, Neffe usw.)

Das heißt, wir haben unsere Zielgruppe erweitert, aber die Idee des gemeinsamen Projektes des Zweierteams beibehalten. Alle zwei Jahre bieten wir im Rahmen dieses 1plus1-Wochenendes Trommelbauen an. Ich selbst habe vor 15 Jahren mit meinem Sohn an einem Trommelbaukurs mit Christoph Studer teilgenommen, einem Instrumentenbauer und Musiker mit Erfahrungen aus Lateinamerika und Afrika. Dort haben wir zwei der sogenannten Konik-Drums bauen gelernt, ein finanziell erschwinglicher Instrumentenbausatz mit vorgesägten Holzzargen aus Multiplex-Birkenholz und einem Trommelfell aus hochwertiger Rinderhaut. Meine Trommel verwende ich seit Jahren als Begleitinstrument im Religionsunterricht und sie ist mir und meinen Schülerinnen und Schülern richtig ans Herz gewachsen.

Mit dem nötigen Know-how und den Trommelbausätzen waren wir optimal für unser 1plus1-Wochenende gerüstet. Das Gästehaus, etwas außerhalb des Ortes, war der ideale Ort, um auszuspannen,

Abstand vom Alltag zu gewinnen und auch um Trommeln zu bauen. In diesem Jahr waren die Paare bunt gemischt: Vater und Sohn, Opa und Enkelsohn, Mutter und Sohn, Patin mit Patenkind usw. Die Teilnehmenden erhielten vorher einen Brief, da sie einiges an Werkzeug und Material selbst mitbringen mussten.

Schleifen, Bohren, Leimen und »Wofür schlägt mein Herz?«

Der Freitagabend beginnt mit einer kurzen Kennenlernphase, in der auch gleich rhythmische Elemente wie Klatschen und Sprechgesang einfließen. Und dann geht es auch schon mit dem Bauen los. Die zwölf Holzteile müssen geschliffen, Löcher gebohrt und die Trommelfelle eingeweicht werden. Das Leimen und Zusammenfügen der Teile erforderten Geschick und Zusammenarbeit. Am Abend sitzt man gemütlich beisammen. Über die Nacht trocknet der Leim.

Am nächsten Morgen treffen wir uns zu einer Morgenandacht in der kleinen Kapelle des Gästehauses. »Wofür schlägt mein Herz?«, lautet das Thema. Anhand eines Bildes von Sieger Köder tauschen wir uns über die Vision des Jesaja aus, wo Lamm und Löwe, Kind und Schlange friedlich miteinander spielen. Wir notieren unsere Gedanken: Was können wir in ganz kleinen Schritten heute praktisch tun, um diese Vision in unserer Welt heute anbrechen zu lassen. Gemeinsames Singen und Trommeln gehört dazu. Dann geht es weiter mit dem Trommelbauen. Wieder wird geschliffen und geraspelt, immer glatter fühlt sich das Holz an, je nach Ansprüchen des Zweierteams. Am Ende dieses Vormittags steht das Lasieren der Trommel.

Das Trommelfell, die Trommelsession und ein Gottesdienst

Nachmittags folgt eine heikle Aufgabe: das Fell aufziehen. Mittlerweile ist es im Wasser aufgeweicht und sehr dehnbar. Wir bohren Löcher in die Haut und mit 24 Holzdübeln wird es über den Trommelkorpus gespannt. Dieses Fell muss nun mehrere Tage trocknen, bevor es bespielt werden kann. Deshalb haben wir die Teilnehmenden gebeten, nach Möglichkeit selbst Trommeln auszuleihen und mitzubringen, auf denen wir während des Wochenendes trommeln können. Für alle anderen besorgten wir Djemben oder bereits gebaute Konik-Drums. Am Abend sitzen wir am Lagerfeuer mit Würstchen und Stockbrot zusammen. Danach gibt es noch eine Trommelsession, bei der wir verschiedene Takte lernen, die wir im Zusammenklang trommeln. Es ist faszinierend, sich in diesen Rhythmus einzufügen, dann mit einem Solo einen eigenen Akzent zu setzen und zu trommeln, bis die Finger »wund« werden. Wir hören eine Klanggeschichte, die wir mit Geräuschen unserer Trommeln unterstützen und entdecken, was alles mit diesem Instrument möglich ist.

Am Sonntag feiern wir einen Gottesdienst zur biblischen Geschichte vom Auszug der Israeliten aus Ägypten mit der klassischen Trommelszene: »Mirjam schlug auf die Pauke.« (1. Mose 15,20–21) Im Takt schreitend, erleben wir gebückt das Leid der Israeliten, stampfen ihre Empörung, richten uns voller Hoffnung auf und tanzen fröhlich aus dem Sklavenhaus heraus.

Immer wieder gibt es Bezüge zu unserem Leben: Was »versklavt« uns? Woraus schöpfen wir Hoffnung? Und wo/wann haben wir erlebt, dass unser Vertrauen in Gott nicht enttäuscht wurde? Singen, tanzen, trommeln – ein bewegter und bewegender Gottesdienst, der mit einer gemeinsamen Mahlfeier und dem Segen Gottes ausklingt. Nach dem Gruppenfoto und dem Mittagessen machen sich alle wieder auf den Weg, die trocknende Trommel im Gepäck und mit Vorfreude, in einigen Tagen weitertrommeln zu können.

Zehn Tipps zur Umsetzung

1. Zeitrahmen: Die ganze Veranstaltung ist als Wochenende konzipiert. Es ist aber auch möglich, sich allein auf das Trommelbauen zu konzentrieren und die thematischen Einheiten wegzulassen. Dann wäre es auch in zwei Tagen mit nur einer Übernachtung möglich.
2. Räumlichkeiten: Ideal ist es natürlich, die Veranstaltung in einem Freizeithaus durchzuführen. Um Kosten zu sparen, könnte sie auch im Gemeindehaus stattfinden. Die Teilnehmenden übernachten dann zu Hause. Wichtig ist ein (Werk-)Raum mit einem

strapazierfähigen Boden und alten Tischen, die mit einer Plastiktischdecke geschützt werden. Bucht man ein Freizeithaus, sollte man zuvor abklären, ob es solch einen Raum gibt. Es ist auch möglich, bei gutem Wetter im Freien zu arbeiten. Dabei kann man auf Biertische oder Bretter auf Klappböcken zurückgreifen.
3. Gruppengröße/Zielgruppe: Die Gruppe sollte acht bis zehn 1plus1-Paare nicht überschreiten, da sonst eine gute Betreuung, gerade auch bei den handwerklichen Tätigkeiten, nicht mehr gewährleistet werden kann.
4. Die Zusammensetzung der Zielgruppe ist oben beschrieben. Es sollte immer ein Erwachsener dabei sein, da die Kinder allein mit dem Trommelbauen überfordert wären. Sinnvoll ist es auch, wenn der Leiter der Gruppe eine eigene Trommel als »Anschauungsobjekt« baut, an dem sich die Teilnehmenden orientieren können. In der Bauanleitung zur Konik-Drum ist ausführlich beschrieben, welches Werkzeug benötigt wird. Dies sollte man den Teilnehmern vorher in einem Info-Brief mitteilen, damit möglichst jeder sein eigenes Werkzeug/Material mitbringt.
5. Bausatz »Konik Drum«: Die Konik-Drum kann fertig oder als Bausatz unter www.studer-klang.de erworben werden. Die Bausätze sollten rechtzeitig bestellt werden, denn es kann beim Versand zu Verzögerungen kommen. Jedem Bausatz ist eine ausführliche Bauanleitung beigelegt, anhand derer sich die Trommel sehr gut bauen lässt. Ein gewisses Maß an handwerklichem Geschick ist beim ersten Mal schon nötig. Es ist hilfreich, wenn man vor der Veranstaltung schon einmal so eine Trommel gebaut hat, dann fällt die Anleitung der Teilnehmenden wesentlich leichter und man weiß, worauf man von Anfang an achten muss. Auf der Homepage von Christoph Studer gibt es eine Reihe weiterer Trommel-Bausätze zum Selberbauen.
6. Trommelübungen: Hier gibt es Einblicke in die Geschichte der Trommeln und gute Übungen für die Praxis:
   - www.trommeln-total.de
   - www.trommelkraft.de/gratiskurs/

Vielleicht gibt es ja auch jemanden im persönlichen Umfeld, der schon Erfahrung mit dem Trommeln hat. Etwa auf einer Djembe oder einem Cajon. Solch einen erfahrenen Trommler kann man gut einladen, der dann die Trommel- und Übungseinheiten übernimmt. Die Konik-Drum lässt sich ähnlich einer Djembe trommeln.

7. Bewusste Zeit in der »Zweisamkeit«: Die Trommel wird vor allem von Vater und Sohn gebaut. In der Begleitung der Gruppe ist es wichtig, den beiden genügend Raum zu lassen, ihren eigenen Rhythmus und ihre eigene Arbeitsweise zu finden. Oft müssen die beiden erst selbst ausprobieren, wie das geht. Dafür braucht es eine gewisse Zeit. Manchmal sind die Väter sehr dominant und lassen ihre Söhne kaum etwas selbst machen. Hier habe ich als Leiter die Aufgabe, ein wenig steuernd einzugreifen, die Männer zu »bremsen« und ihnen bewusst zu machen, dass es nicht um Perfektion geht, sondern um eine gemeinsame Zeit des Werkelns. Im Sinne von »Der Weg ist das Ziel«. Ich muss dann manchen Männern Mut machen, ihren Söhnen auch einmal etwas zuzutrauen.

8. Trommeln daheim weiter üben:
   - Wolfgang Groh: Die große Schule für DJEMBÉ & DUNUN mit CD: Alle Grundlagen in einem Lehrbuch! LeuWa-Verlag
   - Dazu auch viele passende Beispiele auf Youtube:
     youtu.be/R0UWN9XVxYQ
     youtu.be/Zw5iwasAcjs

9. Lieder
   - Aus der Tiefe rufe ich zu dir (EG 566, Text: U. Seidel, 1981; Melodie: O. G. Blarr)
   - |: Trommle, mein Herz, für das Leben, singe mein Mund, dem Frieden :|
     |: Dass die Erde heller und wärmer werde :| (nach der Melodie von »Hinematov«)
   - Singt und tanzt und jubelt laut vor Freuden (Du bist Herr 1, 205)
   - Herr, deine Gnade (Du bist Herr 3, 90)
   - Ich will auf meine Pauke hauen (Hella Heizmann, CD: Halleluja mit Händen und Füßen)
   - Schalom chaverim (Traditional)

10. Ausschreibungstext für das Wochenende
    1plus1-Wochenende   TROMMELBAU-KURS

Eine eigene Trommel aus Holz und Fell bauen.
Miteinander verschiedene Rhythmen ausprobieren.
Gemeinsam singen, tanzen, beten und Gottesdienst feiern immer im Rhythmus der Trommel.
Zeit haben für die 1plus1-Beziehung.
FÜR: 1 Erwachsener plus 1 Jugendlicher (ab 10 Jahre), z. B. Elternteil – Kind, Paten – Patenkind, Großeltern – Enkel usw.

Beispiel für eine Andacht oder einen Gottesdienst

Teil A: Singen und beten
Lieder siehe S. 74; dazu Psalm 34,1–9; EG 841, 4; Glaubensbekenntnis.

Teil B: Geschichte vom Auszug aus Ägypten – Befreiung aus der Sklaverei im Rahmen des Tanzes »Miriam – Lied und Tanz«
Der Tanz basiert auf dem Lied »Im Lande der Knechtschaft«, z. B. EG Rheinland/Westfalen/Lippe 680.

Text und Noten (Claudia Mitscha-Eibl) sowie Tanz (Elke Hirsch) finden sich in »Der Mensch lebt nicht vom Brot allein« (hg. von Leimgruber/Pithan/Spieckermann 2001) auf der Homepage des Comenius-Instituts auf den Seiten 85–88: www.comenius.de/biblioinfothek/open_access_pdfs/Der_Mensch_lebt_nicht_vom_Brot_allein.pdf

1. Knechtschaft – Israel in Ägypten (2. Mose 1)
Stichworte zur Geschichte:
- fort von Zuhause
- Sklavendasein
- harte Arbeit ohne Geld
- Angst um das Leben ihrer Kinder
- Erschöpfung
- Hunger

Bei der Erzählung sitzen alle um ein »Lagerfeuer«, die »Alten« erzählen von früher; einer »erzählt« von unseren Lasten heute; einem werden exemplarisch die Lasten mit jedem neuen Begriff aufgeladen (Rucksack mit Steinen).

Wir stehen im Kreis und lernen die Tanzschritte »Knechtschaft« (Pilgerschritt, siehe Tanzanleitung: Leimgruber/Pithan/Spieckermann 2001, S. 87).

Aber ein Funke Hoffnung auf Befreiung ist da – eine Kerze wird angezündet.

2. Durchzug – Wüstenwanderung – Israel in der Wüste
(2. Mose 12,37–42; 14)

Stichworte zur Geschichte:
- Freiheit noch ungewohnt
- Angst vor dem Neuen
- Vertrauen in Gott wagen
- Gefahren der Wüste

Alle sind auf dem Weg; der Weg ist lang, schwer, ungewiss die Zukunft; das Gehen ist ungewohnt; was mich lange gebunden hat, lässt mich nicht leicht los; Mut für Neues ist gefragt.

Wir lernen die Tanzschritte für »Durchzug«/»Auf den Weg machen«/»Altes hinter uns lassen«: Stampfen (siehe Tanzanleitung: Leimgruber/Pithan/Spieckermann 2001, S. 87).

Wir gehen zwar, aber den Blick nach hinten gerichtet, wir gehen rückwärts, dann dreht sich einer nach dem anderen um (auf Antippen durch den Leiter).

3. Neues Land – Israel auf dem Weg ins Gelobte Land (Josua 3–4)

Stichworte zur Geschichte:
- Neues wird ausprobiert
- Eigene Entscheidungen sind gefragt
- Vertrauen auf Gott hat sich gefestigt
- Sicherheit im eigenen Gehen

Der Jordan wird überquert (symbolisch aufgebaut aus blauen Tüchern); Ankommen im Gelobten Land, Sicherheit und Frieden für das Volk, Vertrauen auf Gottes Führung und seine Gegenwart bei uns.

Wir lernen die restlichen Tanzschritte und tanzen den ganzen Tanz (2 ×) (siehe Tanzanleitung: Leimgruber/Pithan/Spieckermann 2001, S 87–88).

Teil C: Dank und Fürbitte
Wir lesen Josua 4,1–9.21–24.

Hinweis auf den Altar, der in jeder Kirche steht und auch hier in der Kapelle. Er ist der Ort, wo wir mit unseren Gebeten – Dank und Bitte – hinkommen und sie ablegen dürfen.
- Wir wollen unseren Dank, auch für dieses Wochenende, und unsere Bitten auf Zettel schreiben und zum Altar Gottes bringen: *Vorlesen laut oder leise. Die Zettel werden anschließend mitgenommen oder ungelesen verbrannt.*
- *Die Gebete werden abgeschlossen mit einem allgemeinen Dank- und Fürbittgebet und dem gemeinsamen Vaterunser.*

Segen (EG Bayern 902) oder »Komm, Herr, segne uns« (EG 170)

Zum Ende des Gottesdienstes reichen wir uns die Hände und wünschen uns den Frieden. Miteinander singen und tanzen wir das Lied »Shalom chaverim« (im Takt des Liedes: zwei Schritte nach rechts, zwei Schritte in die Mitte, Hände nach oben strecken, zwei Schritte zurück, zwei Schritte nach rechts).

Literatur

Wer Lust hat, noch weitere Instrumente zu bauen, hier einige Literaturempfehlungen:

Richard Filz/Janice Höber: Trommeln mit Kids. Rhythmus- und Trommelspiele für 5- bis 10-Jährige (inkl. DVD). Katzelsdorf 2014.
Jutta Funk: Mit Kindern Instrumente bauen. Lieder, Spiele und Praxistipps. Ausgabe mit CD. Mainz 2016.
Daniel Giordani: Das Rhythmusorakel. Eine alternative Trommel- und Rhythmusschule mit Spielzubehör und CD Taschenbuch. Koblenz 2012.
Markus Hoffmeister: Trommelreise. Weisheitsgeschichten der Welt mit Trommeln und Liedern interaktiv erzählt. Marl 2011.

Stefan Kaiser: Hast du Töne? Musikinstrumente bauen – Basteln, malen, kleben, bauen mit 8- bis 12-Jährigen. Kassel 2009.

Andrea Küssner-Neubert: Kindermusikwerkstatt: Rhythmusinstrumente selber bauen. Rheinfelden 2015.

Stephan Leimgruber/Annabelle Pithan/Martin Spieckermann (Hg.): Der Mensch lebt nicht vom Brot allein. Forum für Heil- und Religionspädagogik. Münster 2001. https://comenius.de/biblioinfothek/open_access_pdfs/Der_Mensch_lebt_nicht_vom_Brot_allein.pdf (Zugriff am 1.6.2019).

Friedrich Neumann (Hg.): Cajon spielen und bauen. Mainz 2009.

Alexandra u. Frank Rompf: Instrumentenbau mit Kindern – kein Problem: Herstellung von Instrumenten aus einfachen Materialien (1. bis 4. Klasse). Augsburg 2015.

Volker Linhard, Religionspädagoge, M. A., ist Mitglied im Landesarbeitskreis der evangelischen Männerarbeit in Bayern (»forum männer«).

Andrea Linhard ist Erzieherin und Geistliche Begleiterin.

8 Den Bogen spannen, um loszulassen – Bogenschießen

Haringke Fugmann

Beim meditativen Bogenschießen neue Lebensperspektiven ins Visier nehmen.

Es ist einer der letzten leuchtenden Herbsttage Anfang November, als sich eine Gruppe von acht Männern zwischen ca. 30 und 70 Jahren an einem Samstag zu einem Tag des gemeinsamen Bogenschießens trifft. Nach einer kurzen Begrüßung und einer gegenseitigen Vorstellungsrunde begibt sich die Gruppe nach draußen aufs Feld, um unter meiner Anleitung in die Welt des »Traditionellen Europäischen Bogenschießens« (einer Variante des Bogenschießens, die auf jegliches Hightech-Zubehör verzichtet) eingeführt zu werden: Geschossen wird mit primitiven Holzbögen und Holzpfeilen ohne jeglichen Schnickschnack, wie schon vor Jahrhunderten.

Zunächst geht es aber um die Sicherheit: Wie geht man gefahrlos mit dieser archaischen »Waffe« um, sodass niemand und nichts zu Schaden kommt? Was darf man mit einem Bogen (nicht) anstellen? Worauf ist zu achten? Nach der anschließenden Einführung in die Schusstechnik wird der Rest des Vormittags damit zugebracht, das Erlernte einzuüben. Die ersten Schüsse sind noch zögerlich und unsicher, doch schon nach ein paar Runden wächst das Gefühl der Sicherheit, und die ersten Pfeile treffen tatsächlich die Scheibe! Freude und gegenseitige Anerkennung prägen die Atmosphäre: Die Männer spornen sich gegenseitig an und zollen einander für gute Treffer Respekt.

Beim gemeinsamen Mittagessen interessieren sich die Männer v. a. für Ausrüstung, Technik und Philosophie des Bogenschießens. Viele erzählen davon, wie sie als Kind mit einem Bogen aus Haselnusszweig und Pfeilen aus Rohrkolben Indianer und Cowboy gespielt, wie sie die Legenden von Robin Hood verschlungen und sich in ihrer Fantasie mit dem edlen Elben Legolas aus Tolkiens »Herr der Ringe« identifiziert haben. Für viele Männer hat das Bogenschießen mit Nostalgie zu tun und aktiviert lang vergessen geglaubte Kindheitserinnerungen.

Am Nachmittag gewinnen die Erfahrungen mit dem Bogenschießen an persönlicher Tiefe. Während die Gruppe immer sicherer wird im Umgang mit Pfeil und Bogen, entdecken die Männer sich selbst und die anderen ganz neu. Sie gewinnen beim Schießen zunehmend Abstand von ihrem Alltag und damit neue Perspektiven auf ihr Leben. Sie erleben die wohltuenden Wirkungen der Entschleunigung am eigenen Leib, klären so manche persönlichen Ziele, gelangen zu wichtigen Einsichten über sich selbst, machen wichtige Grenzerfahrungen mit den eigenen Kräften und erleben schöne Gemeinschaftserfahrungen. Das eigentliche Schießen wird dabei immer wieder durch Gesprächsrunden unterbrochen, bei denen z. B. ein sogenannter »talking stick« herumgereicht wird: Wer ihn gerade hat, darf (muss aber nicht) etwas sagen. Alle profitieren davon und fühlen sich wertgeschätzt.

In gewisser Weise zeichnet sich das Bogenschießen auch dadurch aus, dass es die »Gleichzeitigkeit des Ungleichzeitigen« (Ernst Bloch) der Moderne gleichsam überbrückt: Der Bogen ist sowohl ein spätmodernes Sportgerät als auch eine vormoderne Jagd- und Kriegswaffe. Damit eröffnet das Bogenschießen Menschen in spätmodernen Kulturen Zugänge zu den Erfahrungswelten des Jagens und des Kämpfens, ohne dass tatsächlich ein Tier erlegt oder ein Mensch getötet wird. Es erschließt archaische Erfahrungen für spätmoderne, urbane Menschen – und das in einem sicheren Modus. Nach und nach wird den Männern daher an diesem Nachmittag bewusst, wie sehr wir Menschen Teil der Schöpfung sind, wie eng unsere Verbindung zu unseren Mitgeschöpfen und wie groß unsere Verantwortung für sie ist.

Im Laufe des Tages tritt schließlich auch die spirituelle Dimension des Bogenschießens zunehmend hervor. Schon immer galt der hoch in die Wolken geschossene Pfeil als Sinnbild dafür, die irdische Welt hin zur Transzendenz zu überwinden. Übertragen in die Gegenwart und die konkrete Situation dieses Herbsttages heißt das:

Was bewegt Männer heute, sich an Gott zu wenden? Wie gestalten sie den Kontakt zur Transzendenz?

Am späten Nachmittag blicken die Männer schließlich auf einen ebenso unterhaltsamen wie körperlich und geistig anspruchsvollen Tag unter freiem Himmel zurück. Erschöpft, glücklich und mit reicher Beute (im übertragenen Sinne) kehren sie nach Hause zurück.

Zehn Tipps zur Umsetzung

1. Bogenschießen macht am meisten Freude, wenn Handhabung des Bogens und Technik sicher und richtig vermittelt werden. Es empfiehlt sich deshalb, im Vorfeld einen Kurs (besser noch zwei!) zu machen oder aber einen Fachmann einzuladen, der dann für eine Gruppe vor Ort z. B. ein Tagesseminar veranstaltet und dafür auch die nötige Ausrüstung bereitstellt.
2. Die Sicherheit des Umgangs mit Pfeil und Bogen muss an oberster Stelle stehen. Die Beachtung der Regeln beim Schuss ist genauso wichtig wie die Sicherung des Geländes (siehe Fugmann 2012).
3. Es ist kein Problem, in größeren Räumen mit dem Bogen zu schießen. Dafür gibt es Pfeilfangnetze aus Polypropylen, die den Bereich hinter der Zielscheibe absichern und Fehlschüsse abfangen. Wird tatsächlich in Innenräumen geschossen, empfiehlt es sich, zwei Pfeilfangnetze hintereinander aufzuhängen.
4. Soll ein Bogenkurs in einem Tagungshaus stattfinden, sollte im Vorfeld und im persönlichen Gespräch geklärt werden, ob die Leitung des Hauses aus Sicherheitsgründen Bedenken hat. Diese sind unbedingt ernst zu nehmen.
5. Für eine erste eigene Grundausstattung (Bogen, Pfeile, Schutzausrüstung) sind ca. 200 bis 300 Euro anzusetzen. Für ein Seminar mit bis zu zwölf Personen braucht es zwei bis drei Zielscheiben mit Scheibenständern, leichte Bögen (Langbögen, Recurve-Bögen oder Flachbögen) mit unterschiedlichen Zuggewichten für Rechts- und Linkshänder sowie Pfeile (Holz oder Carbon), Handschuhe, Armschützer und Sicherheitsnetze. Eine Fläche von elf mal sechs Metern reicht aus.
6. Es ist auch möglich, mit Kursteilnehmern einen eigenen Bogen zu bauen und die passenden Pfeile dazu herzustellen. Für den

Eigenbau eines Bogens empfiehlt es sich, einen professionellen Bogenbauer zurate zu ziehen. »Meditatives Bogenschießen« (Fugmann 2012) enthält darüber hinaus Hinweise zur Materialkunde und für die Eigenanfertigung von Pfeilen.

7. Anregend ist das Zusammenspiel von Bogenschießen und Meditation. Bogenschießen kann als geistlicher Übungsweg begangen werden. Verbunden mit Atemübungen entsteht eine spirituelle Tiefe. Anders als bei überwiegend sitzenden Meditationsformen ist die Stille, die sich beim Meditativen Bogenschießen einstellt, eher eine dynamische als eine statische.

8. Bogenschießen eignet sich auch als Einstieg in Biografiearbeit. Themen wie »Den Bogen heraushaben«, »Loslassen können«, »Die eigene Mitte finden«, »Anspannung und Entspannung erleben«, »Sich fokussieren und konzentrieren lernen«, »Achtsamkeit entwickeln«, »Eigene Erdung und innere Haltung« oder »Ganzheit von Leib und Seele« geben Impulse für Gesprächsrunden, aber auch für die Selbstreflexion. Beispiel: »Wir spannen den Bogen, um loszulassen. Vor dem Schuss kann man sorgfältig alles vorbereiten. Doch dann sind wir nicht mehr Herr über den Flug des Pfeils.«

9. Vordergründig scheint es beim Bogenschießen darauf anzukommen, das Ziel zu treffen. Wer jedoch das erste Mal jemanden sieht, der mit Pfeil und Bogen schießt, fragt sich nicht: »Wie gut war sein Trefferbild?«, sondern denkt sich: »Das sieht wirklich schön aus!« Die Anmut, die sich beim Bogenschießen zeigt, bezieht sich zunächst auf Körperhaltung und Bewegung – aber darüber hinaus hat sie viel mit dem Charakter zu tun: Anmut zeigt sich auch in Freundlichkeit, Großzügigkeit und in der Sorgfalt für das eigene Erscheinungsbild. Sie zeigt sich in Liebe zum Fremden und im Mitgefühl mit den anderen Geschöpfen. Sie zeigt sich außerdem in der Absichtslosigkeit – darin, dass man nicht danach strebt, anmutig zu sein. Meditatives Bogenschießen zielt im Sinne dieser Paradoxie auf die Absichtslosigkeit des Schusses.

10. Zuweilen ist der Einwand zu hören, dass es aus ethischen Gründen abzulehnen sei, wenn Christen mit Pfeil und Bogen schießen, da es sich dabei doch um eine Waffe handele. Dabei ist zu bedenken, dass der Bogen hierzulande keineswegs als Waffe, son-

dern vielmehr als Sportgerät gilt und auch nur in dieser Weise genutzt wird. Wer aus ethischen Überlegungen auf die kriegerische Vergangenheit des Bogens verweist, müsste konsequenterweise auch zahlreiche Leichtathletikdisziplinen ablehnen, die ebenfalls aus einem kriegerischen Kontext stammen (etwa Speerwurf, Kugelstoß, Hammerwurf oder Diskuswurf).

Ansprechpartner

Auskunft rund um das Meditative Bogenschießen bei Pfr. Oliver Behrendt, Kontakt über die Homepage des Spirituellen Zentrums im eckstein Nürnberg: www.spirituelles-zentrum-im-eckstein.de

Ich, Haringke Fugmann, bin Pfarrer und Beauftragter der Evang.-Luth. Kirche in Bayern für religiöse und geistige Strömungen und Privatdozent für Praktische Theologie an der Augustana-Hochschule Neuendettelsau. Geboren und aufgewachsen in Papua-Neuguinea, lernte ich dort das Bogenschießen von Kindheit an. Ich biete Kurse für Traditionelles, Europäisches und Meditatives Bogenschießen über Bildungswerke, Tagungshäuser usw. an.

Hier kann man mich beim Bogenschießen sehen: youtu.be/r1khvKfJ8RE

Das Evangelische Fernsehen (efs) hat 2018 eine kurze Reportage über einen Bogenkurs gedreht: youtu.be/GVBp29qH-MM

2004 öffnete das Spirituelle Zentrum St. Martin München seine Pforten. Die Evangelisch-Lutherische Kirche in Bayern wollte mitten in der Großstadt eine Anlaufstelle der spirituellen Übung und Begegnung schaffen. Vor allem Menschen, die Stille suchen, meditieren wollen und nach geistlicher Begleitung fragen, sollten hier ein Zuhause finden. Das altkirchliche Herzensgebet fand vom ersten Tag an seinen festen Platz. Hier gibt es auch Kurse in Meditativem Bogenschießen: www.stmartin-muenchen.de

Zu sich selbst kommen und über sich hinauswachsen, etwa beim meditativen Bogenschießen? Das bietet das neue Programm des Zentrums für christliche Meditation und Spiritualität Heilig Kreuz in Frankfurt-Bornheim. Dabei wird die Meditationsart »Zazen« als Wahrnehmungsübung benutzt. Das durchgängige Schweigen ermöglicht den Teilnehmern Ruhe und Konzentration. In einem einwöchigen Kurs erlernen sie die meditative Art zu sitzen, zu atmen und zu schweigen. Auch das hilft, sich zu konzentrieren.

Exemplarischer Ablauf eines ganztägigen Workshops

9:00 Begrüßung und Vorstellungsrunde
9:15 Einführung in das Traditionelle Europäische Bogenschießen
9:30 Vorstellung des Sicherheitskonzepts
9:45 Einführung in die Schusstechnik und Training mit individueller Rückmeldung
11:30 Geistlicher Impuls und Meditation (10 Minuten)
11:45 Austausch in der Gruppe
12:00 Mittagessen
14:00 Geistlicher Impuls und Meditation (10 Minuten)
14:15 Training mit individueller Rückmeldung
dazwischen: spirituelle Impulse zum Bogenschießen
16:15 Geistlicher Impuls und Meditation (10 Minuten)
16:30 Austausch in der Gruppe und Feedback
17:00 Segen und Abschluss

Bogengebet

Dominikus, Gründer des Dominikanerordens, der im 12. bis 13. Jahrhundert lebte und wirkte und in der römisch-katholischen Kirche als Heiliger verehrt wird, ist der Nachwelt unter anderem durch seine »neun Gebetsweisen« bekannt: Körperhaltungen, die er einzunehmen und mit inbrünstigem Gebet zu füllen pflegte. Weniger bekannt, aber für das Bogenschießen von höchstem Interesse, ist die von ihm überlieferte siebte Gebetsweise, wie sie in der von Vladimir J. Koudelka 1983 herausgegebenen Textsammlung »Dominikus« (Olten und Freiburg i. Br., S. 121 f.) geschildert wird:

> »Oft sah man ihn auch sich im Gebet in seiner ganzen Größe zum Himmel recken, wie ein Pfeil, der vom gespannten

Bogen geradewegs in die Höhe schnellt: Seine Hände waren über seinem Kopf hochgestreckt, fest zusammengehalten oder leicht geöffnet, so als wollte er etwas vom Himmel in Empfang nehmen. Dabei, so glaubte man, vermehrte sich in ihm die Gnade, und entrückt erhielt er von Gott für seinen Orden, den er gegründet hatte, die Gaben des Heiligen Geistes [...] In solchen Momenten schien der heilige Vater plötzlich wie ins Allerheiligste und in den dritten Himmel entrückt. [...] Seine Brüder hörten ihn laut beten und wie der Prophet rufen: ›Höre mein lautes Flehen, Herr, wenn ich zu dir rufe und meine Hände erhebe zu deinem heiligen Tempel‹ (Psalm 27,2).«

Literatur

Haringke Fugmann: Meditatives Bogenschießen. Traditionelles europäisches Bogenschießen als geistlicher Übungsweg und Lebenshilfe. Norderstedt 2012.
Haringke Fugmann: Meditatives Bogenschießen in der Natur. Traditionelles europäisches Bogenschießen und keltisch-christliche Schöpfungsspiritualität. Norderstedt 2013.

Haringke Fugmann, Pfarrer, ist Beauftragter der Evang.-Luth. Kirche in Bayern für religiöse und geistige Strömungen und Privatdozent für Praktische Theologie an der Augustana-Hochschule Neuendettelsau.

9 Naturspiritualität als Weg zu Gott – ein Hymnus an Vater Himmel und Mutter Natur

Oliver Behrendt

Weltweit machen sich Menschen auf, Gott zu suchen, wo ihn biblische Geschichten finden: draußen in der Natur. Aber wie viel Gott ist in seiner Schöpfung? Findet er uns, wenn wir uns der Natur anvertrauen?

Heute lacht mir der Himmel entgegen. Endlich mal wieder im Wald unterwegs, duftet es nach Kiefern, Pilzen und Moos. Dazu das sanfte Rauschen des Windes und eine Sonne, die auf der Farbpalette spielt. Das Denken beruhigt sich. Augen, durch Bildschirme geeicht, gehen wieder auf. »Geh aus, mein Herz, und suche Freud«, dichtete Paul Gerhardt. Ist es nicht wirklich so? Meist genügt doch schon eine halbe Stunde Flanieren mit allen Sinnen im Stadtpark und wir finden Freude. Das Mindeste, was geschieht: Wir fühlen uns körperlich ausgeglichener als zuvor. Die Natur bewirkt täglich kleine Heilungswunder. Meist so selbstverständlich, dass wir es kaum noch bemerken.

Doch draußen in Fauna und Flora kann noch mehr geschehen. Der 39-jährige Stefan erzählt: »Als die Sonne aufging, überkam mich eine große Ruhe, und doch war es mehr als nur Ruhe. Es war Freude, Entzücken, Schönheit, Liebe. Das Gras zu meinen Füßen war wie verzaubert, die Vögel, die ihr Frühstück suchten, über alle Maßen schön. Das Universum war großartig geworden. Das Göttliche schien überall. Ohne Anstrengung und Kampf war plötzlich der Geist über mich gekommen. Da gab es keine Trennung mehr. Ich hörte auf zu beten, weil ich selbst Gebet war«.

Ein Hymnus an Vater Himmel und Mutter Natur. Wer mit christlicher Mystik vertraut ist, entdeckt in Stefans Erlebnis viel Bekanntes. Hildegard von Bingen beschreibt solche Momente tiefer Verbundenheit zwischen Mensch, Natur und Gott in den glühendsten Farben. Mit »Viriditas«, der »Grünkraft«, benannte die visionäre Äbtissin die

Kraft Gottes in seiner Schöpfung. Jesus ist für sie das »inkarnierte Grün«, Maria die »Viridissima Virga«, das jungfräuliche Grün.

Stefan ist aber weder Mönch noch Heiliger. Er machte seine Erfahrungen als Mann von heute im Rahmen einer Visionssuche draußen in der Natur. – Visionssuche? Das klingt nach irgendetwas Abenteuerlichem zwischen Dschungelcamp und mystischem Spitzenerlebnis. In Wirklichkeit bezeichnet das Wort Visionssuche oder *Vision Quest* (engl. für Suche/Streben) eine relativ neue Seminarform: Mann oder Frau gehen darin tatsächlich auf Reisen – innere wie äußere. Wer heute auf Visionssuche ist, macht sich nach einer gemeinsamen Vorbereitungszeit auf, vier Tage und vier Nächte allein und fastend in der Wildnis zu verbringen. Angeboten werden Visionssuchen derzeit in den Wüsten Arizonas, im Sinai, aber auch in den Bergen Österreichs oder ganz »ortsnah« in ruhigen Teilen der Fränkischen Schweiz.

Sylvia Koch-Weser und Geseko von Lüpke, beide erfahrene, wettergegerbte Leiter von Visionssuche-Gruppen, beschreiben ihre drei wichtigsten Bestandteile bzw. »Tabus«:

1. Bewusst gesuchtes »Bei-sich-Bleiben«, d. h. wenn möglich kein Kontakt mit anderen Menschen, kein Handy als Sicherheit.
2. Den Elementen und natürlichen Bewohnern einer Landschaft ausgesetzt sein. Nur ein Schlafsack und »eine kleine Plane zum Schutz gegen Regen und Sonne« sind erlaubt.
3. Kein Essen, lediglich Wasser soll zu sich genommen werden.

Diese Vorgaben nehmen Frauen und Männer während einer Visionssuche in der Regel vier Tage und Nächte freiwillig auf sich. Selbst für naturverbundene Menschen ist das eine Herausforderung. Wie ist das für mich? Nachts allein in Wald oder Wüste? Worauf kann ich verzichten? Was hält die Natur für mich bereit?

Schon das Packen des eigenen Rucksacks wird zum spirituellen Thema, weiß ein »Quester« zu berichten. »Um beim Gepäck Platz zu sparen, kaufte ich mir für meine Visionssuche ein Kinderzelt. Stellen Sie sich mal vor, ich war allen Ernstes mit einem Spielzeugzelt zur ›Männer Quest‹ nach Schweden gereist. Im ersten Sturm vor Ort merkte ich dann sehr eindrücklich, wie diese Entscheidung mit einem mir bisher nicht bewussten Seelenthema zusammenhängt: nicht erwachsen werden zu wollen. Vaterlos aufgewachsen, gab es niemanden, der mir vorlebte, als Mann zu meiner Verantwortung zu stehen. Die Zeltwahl spiegelte mir meinen Entwicklungsweg, der sich erst draußen in der Natur klar zeigte. Die Erkältung vor Ort samt nasser Füße war diese Einsicht wert.«

Dabei ist das Risiko, sich während einer Visionssuche Schlimmeres als nasse Füße zu holen, geringer, als man denkt. Steven Foster, Meredith Little und andere Pioniere dieses spirituellen Ansatzes haben über die letzten dreißig Jahre Tausende Menschen begleitet, ohne dass es zu Unfällen kam. Sind wir dann, wenn wir mit wachem Herzen unterwegs sind und uns verletzlich machen, durch andere Kräfte geschützt? Wie immer man das sieht, eine erfahrene Quest-Leitung überprüft in jedem Fall die Teilnehmenden bereits im Vorfeld sorgfältig: Sind Krankheiten oder psychische Einschränkungen vorhanden, die draußen überfordern?

Aufgabe der Leitung ist es, gemeinsam mit jedem Teilnehmenden in Vor- und Nachbereitung das richtige Maß zu finden. So ist es für manchen bereits genug, in Rufweite des Basislagers und der Leitung seine Auszeit zu verbringen. Einsamkeit, Angst oder andere herausfordernde individuelle Themen lassen sich so in selbstgewählter Dichte wahrnehmen und seriös begleitet bearbeiten. Wie bei allen verantwortlichen klientenzentrierten Ansätzen aus Erwachsenenbildung und Selbsterfahrung hat der Teilnehmende die Entscheidungs- und Deutungshoheit über seine Prozesse.

Selbst das empfohlene Fasten während der viertägigen Solo-Zeit in der Natur ist deswegen kein Muss. »Eine Diabetikerin wird ihre gewohnte und notwendige Ernährungsweise während einer Visionssuche draußen weiter einhalten«, erklärte Franz P. Redl im Rahmen einer Visionssuche 2009 im Sinai. Er leitet in Wien eine Wildnis-Schule. Seiner Meinung nach gehe es in einer Quest darum, seine Grenzen kennenzulernen und sie anzuerkennen – nicht sie mutwillig zu überschreiten.

Vision Quest ist also kein Survival-Training oder Extremsport. Jede und jeder kann bis ins hohe Alter hinein mitmachen, wenn sie oder er sich davon angezogen fühlt. »Was auch immer ansteht, Trennung, Trauer, eine berufliche Neuorientierung oder die Suche nach dem Ursprung deines Lebens, Therapeutin ist die Natur selbst«, so glaubt Sylvia Koch-Weser (Koch-Weser/Lüpke 2009, S. 109).

Oder heilt doch Gottes Geist in der Natur? Welchen Einfluss haben die Gruppe und das psychologische Wissen der Leitenden? Es ist wohl ein zentrales Kennzeichen der weltweiten ökologischen Krise, dass Naturbeziehung, Heilung und Spiritualität heute auseinanderfallen, so wichtig es war, sie unterscheiden zu lernen. Die Sehnsucht, die drei Bereiche wieder zu verbinden, hat in Deutschland Geschichte. Und nicht erst seit dem 19. Jahrhundert und der Romantik trägt sie mystische Züge: »Die blaue Blume ist aber das, was jeder sucht, ohne es selbst zu wissen, nenne man es nun Gott, Ewigkeit, Liebe oder Natur«, schrieb Ricarda Huch über das Anliegen der Romantiker. Casper David Friedrich und andere Künstler seiner Zeit sahen ihre Hauptaufgabe darin, den Riss zu heilen, der durch die Welt geht und Mensch und Natur, Gefühl und Verstand, Gott und Welt trennt. An dieser Spaltung leiden wir noch immer, nur dass der Riss tödlich wird. Bald acht Milliarden Menschen besetzen jede ökologische Nische und beuten sie aus. Können wir unsere Muster und Gewohnheiten ändern, um zukunftsfähig zu werden? Wie ein Wissenschaftler sagte: »Wir sind die erste Art, die sich dazu entscheiden kann, nicht auszusterben. Aber wir müssen die Wahl treffen.« (Fox 2011, S. 15) Wer sich der Natur so aussetzt und hingibt, wie das in einer Visionssuche geschehen kann, will seinen Anteil und sein Charisma in diesem Prozess der Heilung erfahren. Die »Vision« wäre dann eine neue Sicht auf das Bestehende und bisweilen tatsächlich eine visionäre, gottgeschenkte Schau auf das, was zukünftige Wege aus der Krise sind – der individuellen wie der Krise der Gemeinschaft.

All das ist einem christlichen Gottes- und Weltbezug sehr viel näher, als es den meisten bewusst ist. Es sind die Sternstunden christlicher Offenbarungsgeschichte, die unter freiem Himmel ihren Platz finden. Biblische Geschichten erzählen davon: angefangen von der Gottesbegegnung des Mose im brennenden Dornbusch, einer Pflanze, mit der Gott das Gespräch mit Mose eröffnet, bis zu Elias, der Gott – gegen die machtstarken Gottesbilder seiner Zeit! – im »sanften, verschwebenden Schweigen« eines Wüstenwindhauchs vernimmt. Dazu kommt Jesus selbst, der vierzig Tage Prüfung in der Wüste für nötig hält, bevor er sein Lebenswerk beginnt, Gottes Reich den Menschen nahezubringen. Es ist mitten unter uns. Auch Baum, Berg und Blume sind seine Werke. »Schaut die Lilien auf dem Feld an.« (Matthäus 6,28)

Wie viel Gott ist also in der Natur – »mitten unter uns«? Ist alles Gott, wie Pantheisten glauben, oder funktioniert Natur doch gottlos, nach eigenen Gesetzmäßigkeiten? Die christliche Wahrheit liegt dazwischen: Gott wirkt durch alles, muss es aber nicht. Bemerkenswert eindeutig formuliert Paulus dieses Wirklichkeitsverständnis: »Denn sein [Gottes] unsichtbares Wesen [...] wird seit der Schöpfung der Welt, wenn man es wahrnimmt, ersehen an seinen Werken [...].« (Römer 1,20)

Praxisbeispiel 1: Medizinwanderung
Zehn Tipps zur Umsetzung

1. Einen ersten Geschmack, um tiefer mit der Natur in Kontakt zu kommen, kann eine sogenannte »Medizinwanderung« geben. Anders als beim üblichen Wandern, wo meist zielorientiert von A nach B gegangen wird, folgt ein Medizinwanderer spontaner als sonst seinen inneren Impulsen. Die Begegnung mit der Landschaft und ihren natürlichen Bewohnern führt und gibt die Richtung vor: Ein im Sturm gebrochener Baum kann so zum Verweilen einladen und zum Spiegel eigener Themen werden, ein Schmetterling vielleicht zum Ruf, mehr als bisher der Leichtigkeit zu folgen.

2. Was auch immer draußen die eigene Aufmerksamkeit weckt, was immer zum Nachgehen, Betrachten, Hören oder Betasten

mit allen Sinnen einlädt – sei es Baum, Wind, Wildtier oder Blume –, mit diesem Naturwesen kann ich innerlich in Kontakt gehen, indem ich beispielsweise die Frage stelle: »Was teilst du, Naturwesen, mir über mich mit? Hast du vielleicht eine Weisheit oder Medizin für mich in einer aktuellen Lebensfrage?« Dieser Frage nach der Medizin für eigene Lebensthemen verdankt das Medizinwandern seinen Namen.

3. Hilfreich kann sein, eine solche Frage bereits vor der Wanderung, spätestens aber währenddessen innerlich klar zu formulieren. Wer aktuell Schwierigkeiten im Büro hat, fragt vielleicht: »Welche Qualität hat es, meine Stelle zu wechseln, welche zu bleiben?« Wer in seiner Beziehung kämpft, denkt darüber nach: »Was kann ich tun, damit meine Frau und ich zusammen glücklicher leben?« Im Kontakt mit Fels, Baum, Wind und Wetter steigen die Antworten dann oft überraschend klar intuitiv auf. So ist zumindest die Erfahrung der allermeisten Männer und Frauen, die sich auf diese Methode einlassen.

4. Ja-Nein-Fragen zu formulieren ist dabei weniger hilfreich, als die anstehende Lebensfrage wirklich in offenen Fragen zu erkunden: »Welche Qualität hat es, wenn ich dies oder das tue? Was sagt mir die Natur dazu?«

5. Der Franziskaner-Pater Richard Rohr beschreibt den Weg der Medizinwanderung in den Teachings auf seinen Männer-Initiationsseminaren so: »Das Einzige, das du draußen wirklich zu tun hast, ist: Sei du selbst! Erforsche möglichst offen, was deine Seele gerade wirklich beschäftigt, ersehnt oder nährt.«

6. Die Qualität einer Medizinwanderung lebt auch von der Zeit, die man ihr schenkt. Sich einen ganzen Tag, von Sonnenaufgang bis Sonnenuntergang, dafür frei zu nehmen, wäre ideal. Ein Vormittag im Stadtpark kann auch genügen.

7. Fasten wird in der Regel den inneren Klärungsprozess unterstützen. Genügend zum Trinken mitzunehmen und einen kleinen Tagesrucksack mit Decke zum Sitzen oder Liegen plus regenfeste Kleidung, ergänzen eine sinnvolle Ausrüstung für den Tag draußen.

8. Eine alte Seelenregel dafür lautet: Jeder Eindruck benötigt auch einen Ausdruck.

Deswegen ist es sinnvoll, die auf der Wanderung gemachten Erlebnisse einer guten Vertrauten, einem Freund oder dem eigenen Partner im Anschluss in einer ruhigen Minute zu erzählen. Diese*r nutzt ihr/sein Potenzial, eine solche Wanderung zu begleiten, dann am besten, wenn er/sie sich die Geschichte nur anhört, sie vielleicht in eigenen Worten wertschätzend nacherzählt, aber keinesfalls zur Diskussion stellt oder gar abwertet. Ein möglichst klarer Spiegel hilft am besten, eigene Seelenlandschaften zu verstehen.

9. Als alltagsnahe Methode eignet sich eine Medizinwanderung auch für die Gestaltung von Gemeindefreizeiten, Kirchenvorstandswochenenden oder anderen kirchlichen Formaten im Naturraum. Kirchenvorsteher*innen könnten beispielsweise konkret mit der Frage hinausgehen, welche Medizin für die eigene Gemeinde nötig ist, damit sie lebendig vom heiligen Geist geführt wird.

10. Im anschließenden gemeinsamen Erzählkreis werden die draußen gefundenen Antworten miteinander gehört, geteilt und gewürdigt. Eine Medizinwanderung ersetzt dabei nicht die vertiefte Diskussion und Projektarbeit einer Gemeinde. Sie bietet aber einen hoch lebendigen Einstieg in die Entwicklung einer gemeinsamen Vision über das zukünftige Profil der Gemeinde und dazu immer wieder den Raum, die eigene Inspiration aufzufrischen.

Praxisbeispiel 2: Visionssuche
Zehn Tipps zur Umsetzung

1. Wer eigene Spiritualität und Selbsterfahrung im Spiegel der Natur tief freisetzen möchte, für den kann die elf bis zwölf Tage dauernde Visionssuche der richtige Weg sein. Jede Visionssuche hat einen dreiteiligen Ablauf:
   a) Die Vorbereitungsphase (vier Tage): die persönliche Absicht klären, vorbereitende Übungen, Einweisungen.
   b) Die eigentlich Visionssuche (vier Tage) allein fastend draußen in der Wildnis. Ausgebildete Leiter sind im nahegelegenen Basislager. Sie sorgen für die Teilnehmer, wo die es brauchen.

c) Die Nachbereitungs- oder Integrationsphase (drei bis vier Tage): Rückkehr ins Basislager mit dem gemeinsamen Fastenende, dem Erzählen der Erlebnisse und den dazugehörigen Erfahrungen, dem Spiegeln der Geschichte und der Vorbereitung auf die Rückkehr in den Alltag, der Abschied.
2. Für wen ist eine Visionssuche gut? Es gibt so viele Anlässe und Themen dafür wie Männer, die miteinander aufbrechen. Die Teilnehmenden, zwischen 16 und 80 Jahren, aller Berufe und sozialer Schichten, denken nach über »rites des passages«, persönliche Übergänge und Veränderungen, Abschied, Trauer, berufliche Neuorientierung, Suche nach Sinn bzw. Gott, Abschied von Partnern, Kindheit und Elternhaus …
3. »Die zivilisatorische Schicht, die uns von der Wildnis trennt, ist nicht dicker als drei Tage«, sagt der Psychologe und Wildnisforscher Robert Greenway (zitiert nach Koch-Weser/Lüpke 2009, S. 32). Wer länger allein draußen in der Natur verweilt, träumt anders, denkt anders, nimmt anders wahr. Man muss seine gewohnte Umgebung, die Komfortzone verlassen, um die Welt zu erkennen. In der heutigen Zeit leben viele Menschen naturfern, fern der Rhythmen der Jahreszeiten. Diese Ferne, so die These, korrespondiert mit einer Ferne zu sich selbst, zur eigenen inneren Natur.
4. In der christlich-abendländischen Tradition hatten Naturexerzitien eine jahrhundertealte Tradition. Franz von Assisis »Sonnengesang« preist die Begegnung mit den Wesen der Natur und mit Gott. Natur- oder Waldexerzitien werden in kirchlichen Einkehrhäusern oder spirituellen Zentren angeboten.
5. Häufig ist in der Bibel vom Fasten die Rede. In Matthäus 4 fastet Jesus vierzig Tage in der Wüste und ist unterschiedlichen inneren Prozessen ausgesetzt. Bei einer Visionssuche bedeutet das Fasten einen bewussten Verzicht, auf die Gemeinschaft von Menschen, auf die Geborgenheit einer festen und schützenden Behausung, manchmal auch auf Schlaf und eben auch auf Essen. Fasten öffnet und erweitert das Bewusstsein. Der Geist wird klarer, die Sinne schärfen sich, die Grenzen zwischen der Welt und uns selbst werden durchlässiger. Fasten ist ein spiritueller Übungsweg.

6. Die jeweilige Ausrüstung ist abhängig von Zeitpunkt, Ort und individuellen Bedürfnissen. Infos dazu gibt es im Internet: www.vivionssuche.net
7. Eine Visionssuche kann in der Wüste, in den Bergen oder im Wald stattfinden. Je nach Location wird die passende Kleidung und Ausrüstung zusammengestellt.
8. Im ausführlichen Vorgespräch muss geklärt werden, ob die Teilnehmer Medikamente brauchen oder ob andere Handicaps bestehen.
9. Eine kleine, deutlich verkürzte Visionssuche eignet sich auch als Bestandteil der Konfirmanden- oder Jugendarbeit. An einem Wochenende (evtl. mit den Vätern) erkunden und erleben die Jugendlichen (und ihre Väter oder Paten) mit geeigneten Ritualen den Übergang vom Kind zum Mann.
10. Mit der Visionssuche wird der spirituelle Weg eines Menschen im Rahmen einer Gruppe rituell begleitet. Als kirchliches Angebot unterliegt diese Arbeit drei Kriterien: Sie nimmt in ihrer Gestaltung und Durchführung die Erfahrungs- und Erlebniswelten der teilnehmenden Menschen auf; sie kann die Weite und Tiefe der jeweiligen Lebenserfahrungen fassen und tragen; sie wird im christlichen Deutungshorizont begleitet (siehe www.ejb.de unter »Spiritualität« und »Visionssuche«).

Ansprechpartner

Infos zu christlicher Naturspiritualität, Initiation, Männerspiritualität, Prozessbegleitung in der Natur wie Visionssuchen und weitere spirituelle Angebote gibt es im Haus »eckstein«: www.spirituelles-Zentrum-im-eckstein.de (Leiter Oliver Behrendt)

Lorica-Gebet – Segen und Schutz

The Deer's Cry – auch genannt: die »Lorica« oder »breastplate« des heiligen Patrick von Irland. Der Text wird dem heiligen Patrick (5. Jahrhundert) zugeschrieben, übersetzt wurde er hier von Oliver Behrendt.

Heute stehe ich auf durch die Kraft des Himmels
I arise today through the strength of heaven
Licht der Sonne, Mondenschein
Light of sun, radiance of moon
Heller Glanz des Feuers, Blitzgeschwindigkeit
Splendor of fire, speed of lightning
Schnelligkeit des Windes, Tiefe der See
Swiftness of wind, depth of the sea
Beständigkeit der Erde, Festigkeit des Felsens
Stability of earth, firmness of rock
Ich stehe heute auf durch Gottes Kraft, mich zu führen
I arise today through God's strength to pilot me
Gottes Auge, um vor mich zu schauen
God's eye to look before me
Gottes Weisheit, mich zu leiten
God's wisdom to guide me
Gottes Weg, der vor mir liegt
God's way to lie before me
Gottes Schild, um mich zu schützen
God's shield to protect me
Vor allen, die mir Krankheit wünschen
From all who shall wish me ill
In der Ferne und in der Nähe
Afar and a-near
Allein und in einer Menge
Alone and in a multitude
Gegen jede grausame, gnadenlose Macht
Against every cruel, merciless power
Die meinen Körper und meine Seele fordern
That may oppose my body and soul
Christus mit mir, Christus vor mir
Christ with me, Christ before me
Christus hinter mir, Christus in mir
Christ behind me, Christ in me
Christus unter mir, Christus über mir
Christ beneath me, Christ above me

Christus zu meiner Rechten, Christus zu meiner Linken
Christ on my right, Christ on my left
Christus, wenn ich mich lege, Christus, wenn ich mich hinsetze
Christ when I lie down, Christ when I sit down
Christus, wenn ich aufstehe, Christus, um mich zu schützen
Christ when I arise, Christ to shield me
Christus im Herzen eines jeden, der an mich denkt
Christ in the heart of everyone who thinks of me
Christus im Mund eines jeden, der von mir spricht
Christ in the mouth of everyone who speaks of me
Heute erhebe ich mich
I arise today

Literatur

Steven Foster/Meredith Little: Visionssuche. Das Raunen des Heiligen Flusses. Sinnsuche und Selbstfindung in der Wildnis. Uhlstädt-Kirchhasel 2012.
Mathew Fox: Schöpfungsspiritualität. Heilung und Befreiung für die Erste Welt. Stuttgart 1993.
Mathew Fox: Ratzinger und sein Kreuzzug. Ein engagiertes Plädoyer für Schöpfungsspiritualität statt Dogmenmacht. Bielefeld 2011.
Mathew Fox: Die verborgene Spiritualität des Mannes, Zehn Anregungen zum Erwecken der eigenen Männlichkeit. Uhlstedt-Kirchhasl 2011.
Sylvia Koch-Weser/Geseko von Lüpke: Vision Quest – Visionssuche: Allein in der Wildnis auf dem Weg zu sich selbst. München 2000.
Jürgen Moltmann: Gott in der Schöpfung. Ökologische Schöpfungslehre. Gütersloh 1987.
Henning Olschowsky: WalkAway und Visionssuche – naturspirituelle Arbeit mit Konfirmand*innen. In: Christian Butt/Olaf Trenn (Hg.): Einfach mal machen. Außergewöhnliche Ideen für die Arbeit mit Konfirmandinnen und Konfirmanden. Göttingen 2019.

Oliver Behrendt, Pfarrer, ist Beauftragter für geistliche Übung und Meditation in der Evang.-Luth. Kirche in Bayern und Leiter des spirituellen Zentrums im eckstein.

10 »Baum fällt!« – Rüstzeit mit Motorsägen-Kurs

Ralf Schlenker

Dem Baum einen »Herzstich« versetzen – eine besondere Form der Rüstzeit.

Zum Herbstputz im Pfarrgarten hatte ich immer gern meine Motorsäge dabei. Irgendetwas war immer zu schneiden. Ein Baum, der zu weit ans Gebäude gewachsen war, musste weichen oder die Äste über dem Bürgersteig sollten entfernt werden.

Mit Schutzkleidung und Helm erkannten mich die Gemeindeglieder kaum als ihren Pastor. Sobald der Motor aufheulte, hatte ich vier oder fünf Männer um mich herum. Sie kommentierten mein Werkzeug und meine Arbeit: »Die Kette ist stumpf!«, »Du musst die Säge mehr schräg halten!«, »Nicht so sehr drücken!« In den ersten Jahren nervte mich das. Ich dachte mir, wenn ihr alles besser wisst, dann macht es doch selbst. Doch irgendwann erkannte ich die Chance darin. Männer, die sonst nur donnerstags zur Lebensmittelausgabe der Tafel kamen, versammelten sich bei der Kirche. Von Jahr zu Jahr übernahmen sie mehr Aufgaben. Es wurde ein richtiges Herbstfest daraus – mit Grillwurst und Männerpalaver.

Als Pastor im Männerforum der Nordkirche erinnerte ich mich an diese Erfahrungen. Gleichzeitig wusste ich, dass viele Männer in den Wäldern Mecklenburg-Vorpommerns ihr eigenes Brennholz »werben«, aber nur die wenigsten den Berechtigungsschein dafür abgelegt haben. Meinen eigenen Kettensägeschein hatte ich vor über zehn Jahren gemacht, als wir in unser Haus einen großen Kachelofen einbauen ließen.

Das Gefühl beim Fällen eines Baumes lässt sich schwer beschreiben. Einerseits ist es Trauer: Der Baum stirbt. Etwas, das über Jahrzehnte gewachsen ist, fällt mit lautem Knall zu Boden. Die Generation vor uns hat die Bäume in Zukunftsverantwortung und weiser Voraussicht gepflanzt. Nun kommen wir und schaffen Platz für Neues. Neben der Trauer hat das Fällen aber auch etwas Erhebendes. Ich lehne mich mit dem Rücken an den Baum. So suche ich die Richtung, in die er fallen soll. Gibt es andere Bäume, in die er sich verhaken könnte? Ist er gleichmäßig gewachsen oder droht er sich beim Fallen in eine ungewollte Richtung zu drehen?

Ich setzte behutsam die Säge an, schneide möglichst ordentlich einen Fällkeil in die Seite, zu der er fallen soll. Es stinkt nach Öl und Abgasen. Doch der Duft der frischen Sägespäne ist stärker. Den Schnitt auf der gegenüberliegenden Seite des Baumes muss ich mit Entschlossenheit führen. Aus Erfahrung erkenne ich rechtzeitig, wann der Baum zu fallen beginnt. Ich ziehe die Säge zurück. Es dauert ein paar Sekunden, bis der Baum sich neigt – mit kurzem Knirschen und Knacken. Voller Wucht kracht er auf den weichen Waldboden. Wahnsinn! Ein Moment, in dem ich mich nur verneigen kann: vor dieser Kraft, vor diesem Leben, vor Gottes Schöpfung. Nicht umsonst heißt ein Sägeschnitt, der besonders starke Bäume zu Fall bringt, »Herzstich«.

Die Erfahrung in der Gemeinde, der eigene Kettensäge-Kurs und die Erlebnisse bei meiner Arbeit im Wald inspirierten mich zu meinem ersten »Spezialprojekt« als Männerpastor. Meine Ausgangsfrage lautete: Wie kann ich mit Männern bei der gemeinsamen Arbeit mit der Kettensäge im Wald diese spirituelle Erfahrung teilen?

In Zusammenarbeit mit dem Kirchenforstamt und der Volkshochschule vor Ort organisierte ich einen Kurs zum Erwerb des Sägescheins und gestaltete dazu ein kleines Rahmenprogramm. Zur Begrüßung suchte sich jeder der acht Männer ein Stück Holz aus. Wir stellten uns einander vor und erzählten von unseren Erfahrungen mit dem Holzmachen. Einer hatte beispielsweise eine Tischlerlehre absolviert. Ein anderer machte seit Jahren sein Brennholz selbst und wollte nun mal wissen, ob er etwas falsch mache.

Einer der Männer sagte: »Ich habe diese Baumscheibe genommen, weil ich anhand der Jahresringe erkennen kann, wie alt dieser Baum ist. Das flößt mir Ehrfurcht ein.« Ein anderer meint: »Dieses Stück Terrassendiele erinnert mich an schöne Stunden mit meiner Familie.« Oder: »Das Stück Brennholz ist voller Äste und so knurrig wie ich – manchmal.« Und: »Dieser Splitter ist wie der Dorn, der mir im Fleisch saß, als ich mal schwer krank war.«

Es gab also viele Anknüpfungspunkte, die später beim Männerpalaver im Wellnessbereich des Hotels aufgenommen wurden. Doch zunächst ging es nach dem Abendessen zum ersten Teil des Theoriekurses. Der Referent, ein pensionierter Forstmeister, lockerte seine Ausführungen immer wieder durch Erlebnisberichte und Anekdoten auf. Aber die Männer waren ungeduldig. Wann geht es endlich in den Wald zum praktischen Teil? Sie mussten sich noch bis zum nächsten Nachmittag gedulden.

Männliche Spiritualität heißt, an die Grenzen zu gehen, sich zu spüren, körperlich und seelisch herausgefordert zu werden, Seite an Seite mit anderen Männern die Natur zu spüren – das sind gute Erfahrungen. Der gemeinsame Besuch der Hotelsauna deutete in diese Richtung. Da wir sie zu später Stunde exklusiv für uns hatten, war noch einmal genügend Zeit zum Erzählen.

Am nächsten Morgen erschienen einige Männer schon in Arbeitskleidung zum Frühstück. Die Laune und das Wetter waren super. Nach einer kurzen Theorieeinheit sollte es losgehen. Im Seminarraum wurden die Sägen zerlegt, die Maschinenpflege geübt und letzte Sicherheitshinweise gegeben. Gegen Mittag war es dann endlich soweit. Als die Männer in ihren grünen Anzügen und mit orangenen Helmen am Waldrand im Kreis standen, erinnerte ich mich an den Text, den ich ihnen am Morgen vorgestellt hatte: »Die Danksagung an die natürliche Welt« (Pradel 2006). Dieser Text steht für die uralte Tradition, sich mit der natürlichen Welt zu verbinden. Heute ist dieses Wissen vielleicht wichtiger denn je. Er ist überliefert von Chief Jake Swamp von der »Tree of Peace Society« und hat eine lange Tradition in der Kultur der Haudeosaunee (Volk des Langhauses, aus Nordamerika).

Die Worte des Dankes werden vor allen anderen Worten gesprochen. In Zusammenkünften bringen die Männer ihre Herzen und Gedanken zusammen und können so auf einer gemeinsamen Basis reden und diskutieren. »Die Danksagung« führt weg von egoistischen Einstellungen und öffnet die Aufmerksamkeit und Herzen nach außen hin zu unserer Mitwelt. Sie zeigt, dass alles in dieser Welt wichtig ist und eine Aufgabe hat. Viele der Ältesten sagen, dass es die ursprüngliche Aufgabe des Menschen sei, Dank zu sagen.

Der Text beginnt so: »Wir sind alle zusammengekommen, um Dank zu sagen. Jeder Mensch hat seine Begabungen, Fähigkeiten und Kräfte und setzt sie für das Wohl der anderen ein. So bringen wir in gegenseitigem Respekt, Anerkennung und Dankbarkeit unsere Gedanken und Herzen zusammen, zu einem Herzen und einem Gedanken. Unsere Herzen und Gedanken sind nun eins …«

Die Männer lernten die Säge zu führen und schnitten zunächst Scheiben von einem bereits gefällten Baum. Beim Feedback wurde die Enttäuschung deutlich, dass sie nicht gleich richtig loslegen konnten. Dennoch überwog der Spaß und jeder hatte seine Erfolgserlebnisse. Am darauffolgenden Samstag legten die Teilnehmer erfolgreich ihre Prüfungen ab. Das war der Moment, in dem jeder »seinen« Baum fällen durfte.

Positiv wurde rückgemeldet: »Schön, dass sich Kirche auch mal etwas Außergewöhnliches traut.« Oder: »Ich habe echt viel gelernt und es war schön in der Gemeinschaft.« Ein Motorsägen-Kurs in der Kirchengemeinde, der Kirchenregion oder dem Kirchenkreis sorgt nicht nur für mehr Sicherheit und Ordnung in den Wäldern. Er dient dem Gemeindeaufbau, weil er Männern ganz unverdächtig die Möglichkeit bietet, tiefgreifende spirituelle Erfahrungen miteinander zu teilen. Spätestens beim nächsten Herbstputz wirkt das zurück.

Zehn Tipps zur Umsetzung

1. In den ländlichen Gebieten »werben« viele Männer eigenständig ihr Brennholz im Wald. Sie nutzen es als Ergänzung zu ihren Öl- oder Gasheizungen in Kaminen und Kachelöfen oder betreiben eine Holzvergaserheizung. Es ist eine anstrengende Winterarbeit, die ihnen aber dennoch große Freude macht. Der Kettensägen-Kurs passt also zu dem Sozialraum, in dem sie sich oft aufhalten.

2. Die Nutzung nachwachsender Rohstoffe ist ein ganz aktuelles Thema. Durch die Brennholzgewinnung werden die Wälder sanft gepflegt und nachhaltig bewirtschaftet. Schädlinge wie der Borkenkäfer oder Pilzerkrankungen werden eingedämmt. Daran haben die (kirchlichen) Forstämter großes Interesse. Das ist keinesfalls Raubbau, sondern Pflege der Natur ganz im schöpferischen Sinne.

3. Ein Zertifikat zur Bedienung der Kettensäge ist seit einigen Jahren (z. B. in Mecklenburg-Vorpommern) gesetzliche Vorschrift. Oft wird gesagt, es genüge, wenn einer aus der Familie oder dem Team vor Ort diesen Schein habe. Wenn ich aber manche ohne Schutzkleidung und Helm arbeiten sehe, bekomme ich wirklich Angst.
4. Ich halte das Projekt durchaus für multiplizierbar auf die gemeindliche oder regionale Ebene. In den Landgemeinden gibt es immer etwas zu hegen und zu pflegen. Die riesigen Pfarrgärten mit Obstbäumen, die Friedhofshecken und, nicht zu vergessen, die umfangreichen kirchlichen Waldgebiete.
5. Der Vorbereitungsaufwand für das Wochenende ist vonseiten der Kirchengemeinde gering. Es kann beispielsweise auf vorhandene Angebote der Volkshochschulen oder Forstämter zurückgegriffen werden. Diese Einrichtungen zeigen sich erfahrungsgemäß kooperationsbereit und freuen sich, wenn die Kurse gut genutzt werden.
6. Die Ausbildung ist in der Regel unterteilt in einen theoretischen und einen praktischen Teil. Es werden Kenntnisse zu den Unfallverhütungsvorschriften, über Arbeitskleidung und persönliche Schutzausrüstung vermittelt. Die Teilnehmer erlernen die Handhabung, Wartung und Pflege der Motorsäge. Sie üben das Fällen, Entasten und Einschneiden von mittelstarken Bäumen. Zum Kurs sind eine Schnittschutzhose, Schnittschutzschuhe oder -stiefel, Arbeitsschutzhelm mit Gehörschutz und Visier sowie eine eigene Motorsäge mitzubringen.
7. Für das Rahmenprogramm: Nach einem Tag in winterlicher Kälte ist ein Schwimmbad oder eine Sauna empfehlenswert. Es kann aber auch ein Abend am Kamin oder ein Glühwein am Lagerfeuer sein, eine Wein- oder Whiskyprobe, ein Männerpalaver, das Biografiespiel (s. Hinweise) oder ein Kinoabend mit dem Film »Ziemlich beste Freunde«. Wenn eine Kirche in der Nähe ist, können die Andachten dort gefeiert werden. Es hat aber auch etwas, draußen im Kreis unter den Baumwipfeln, Gott für seine Schöpfung zu danken.
8. Bei diesem Kurs fühlen sich auch Männer angesprochen, die ansonsten eher kirchenfern, aber dennoch spirituell auf der Suche

sind. Über Kirchenvorsteher, Pfarrer und Pfarrerinnen, aber auch über den Kindergarten oder Kindergottesdienst findet man diese Männer. Zusätzlich können Zeitungsberichte oder Meldungen im Gemeindebrief auf das Angebot aufmerksam machen. Melden sich viele Männer an, die nicht Kirchenmitglieder sind, können einige »alte Hasen« dazu gebeten werden. Die Gespräche der Männer untereinander sind oft von größerer Bedeutung als die Worte des Pastors.

9. Die Kosten für so einen Kurs sind überschaubar. Möglicherweise kann der Kurs vor Ort in der Kirchengemeinde durchgeführt werden. Dann würden Hotelkosten entfallen. Allerdings wäre es schade, wenn das Männerpalaver, die Andachten und das gemeinsame Essen wegfielen. Zu überlegen wäre auch, als Kirchengemeinde den Männern den Sägeschein zu finanzieren. Diese einhundert Euro pro Teilnehmer rentieren sich sehr schnell, wenn zu Arbeitseinsätzen im Pfarrgarten oder auf dem kirchlichen Friedhof eingeladen wird.

10. Der Kurs zeigt erneut, dass männliche Spiritualität nicht oberflächlich ist. Sie beweist sich in innerer und äußerer Kraft. Männer werkeln gerne und bewundern das Getane und ihre Fantasie. Möglicherweise entsteht dadurch eine neue Männergruppe vor Ort!

Ablauf eines Wochenendes

Freitag
Ab 15:00 Uhr   Anreise und Einchecken
16:00 Uhr   Vorstellungsrunde im Restaurant des Hotels
16:30 Uhr   Andacht und Essen
18:00 Uhr   Kurs in der Volkshochschule
21:30 Uhr   Wellness und Gespräche

Samstag
07:00 Uhr   Andacht und Frühstück
08:00 Uhr   Auschecken
08:30 Uhr   Kurs in der Volkshochschule
12:00/13:00 Uhr Gegen Mittag Fahrt in den Wald
16:00 Uhr   Abschlussandacht im Wald

Ort und Zeit der praktischen Prüfung werden mit dem Kursleiter persönlich abgesprochen.

Andacht zu Jahresringen – Texte und Impulse
Wir richten unseren Blick auf das, was in unserem Leben war, ist und sein wird:
- Kindheit, Schule, Ausbildung, Studium, Beruf, Familie, Kinder, Arbeit, Krankheit ... Tod. Wie gehen wir damit um? Wir nehmen unser Leben wahr und schätzen es wert.
- Musik und Stille.
- Wie bei einem Baum – Ring um Ring – legen sich die Erfahrungen und Jahre unseres Lebens um uns – um unsere Mitte. Diese Baumscheibe zeigt es uns. Sie ist ein Stück Natur mit einer Geschichte, die sich entwickelt hat. In der Mitte hat das Leben begonnen, hier hat der Wuchs des Baumes seinen Anfang genommen. Aus einem dünnen und noch schwachen Pflänzchen entstand aus einem noch winzigeren Samenkorn ein Baum, um dessen Kern sich Jahr für Jahr ein neuer Ring legt.
- Jeder Ring hat eine andere Form. Ein gutes Jahr setzt kräftige Zeichen, ein sparsames Jahr lässt den Ring wenig wachsen. Verborgen in den Jahresringen liegt die gelebte Zeit. Hinter der Rinde wächst still und langsam der Baum.
- Das ist ein Bild, das auch auf uns und unser Leben übertragbar ist: Auch ich wachse und reife – manchmal ohne es zu merken. Mein Leben zieht Kreise, wie Ringe um unsere Mitte. Ein solcher Lebensring wird gerade vollzogen. Die Erfahrungen, die ich gerade mache und die auch noch vor mir liegen, werden diesen Kreis schließen. Ich weiß, dass ich in meine Kraft vertrauen kann. Ein Baum muss Wind und Wetter trotzen – ich kann das auch.
- Diesen Ring will ich versuchen, zu vollbringen. Ich weiß, dass mir Kraft und Leben geschenkt sind, um weiter und größer zu werden. Ich weiß, dass ich alles habe, was dazu nötig ist, um mit meinen Grenzen zurechtzukommen. Ich weiß mich getragen und gestützt von einer unendlich großen Kraft – von Gott.

Literatur und Hinweise

Informationen zu Motorsägenkursen gibt es im Internet unter: www.wald-mv.de/landesforst–mv/Holz/Motorsägenkurse und www.wald-mv.de/static/Wald-mv/Dateien/Landesforst/Holz/Motorsägenlehrgänge/Motorsägenkurse_Modulare%20Kurse%202018.pdf

Gerd Humbert u. a.: gestärkt & lebendig. Rituale in der christlichen Männerarbeit. Das Buch kann für 19,80 Euro zzgl. Portokosten bei der Evang. Arbeitsstelle Bildung und Gesellschaft, Kaiserslautern, bestellt werden.

Christof Lenzen: »Machos, Holzhacken und echte männliche Spiritualität«. https://www.christsein-heute.de/index.php?id=3307&tx_ttnews[tt_news]=192973&cHash=bfcf8d0f4d217323be74615c78f6c1af (Zugriff am 2.5.2019).

Richard Pradel: Danksagung an die natürliche Welt. https://www.wildnis-schulen-bayern.de/index.php/danksagung-an-die-naturliche-welt/ (Zugriff am 2.5.2019).

Tim Zülch: Ein Motorensägenschein für ein Halleluja. https://www.deutschlandfunkkultur.de/maennerarbeit-in-der-evangelischen-kirche-ein.1278.de.html?dram:article_id=423771 (Zugriff am 2.5.2019).

Download-Material zum Biografiespiel: www.vandenhoeck-ruprecht-verlage.com/Maennersachen (Code: 468*!Yqv)

Ralf Schlenker, Pastor, ist Referent im Männerforum der Evang.-Luth. Kirche in Norddeutschland.

11 Da ist Hopfen und Malz nicht verloren – gemeinsam Bier brauen

Herbert Kirchmeyer

Die Küche wird zur Brauerei – und Männer werden zu Braumeistern.

Mit wenig Zutaten, viel Geschick und Geduld soll ein schmackhaftes Bier entstehen – das versprach die kurze Einleitung zum Braukurs. Es sollte das uralte Brauerhandwerk, wie es schon seit hunderten von Jahren praktiziert wurde, erlernt werden. Da standen sie nun, die elf Männer und die eine Frau, die sich zum Braukurs für Männer angemeldet hatten und schauten in die leeren Kochtöpfe und Einkochautomaten aus Edelstahl und Emaille. Das soll gehen? Keine großen Kupferkessel mit vielen Rohrleitungen, Druckmessern und Thermometern werden gebraucht, erklärt der Brau- und Malzmeister in der Lehrküche des Evangelischen Bildungszentrums Hesselberg.

Wasser, Malz, Hopfen, Hefe und Zucker – fertig ist der Gerstensaft. Nein, so schnell geht es auch wieder nicht. Vor der Fertigstellung und dem Genuss eines kühlen, schmackhaften Bieres ist wahrlich viel Handarbeit und Geduld angesagt. Das Bierbrauen im eigenen Haushalt hat in Deutschland eine sehr lange Tradition. Der Gerstensaft war das Grundnahrungsmittel schlechthin, war er doch wegen des Abkochens besser und gesünder als jedes andere Brunnenwasser. Der Alkoholgehalt in diesen »Dünnbieren« war nicht sonderlich hoch, selbst Kinder wurden damit versorgt. In den letzten Jahrzehnten sorgten die »Craft-Biere« der amerikanischen Hobbybrauer für ein größeres Interesse an diesem vergessenen Handwerk. Entstanden ist diese Idee für den »Männerbraukurs« bei einem »Kochkurs für Männer«. Ein teilnehmender Braumeister brachte sein eigenes Bier in die gesellige Runde mit und das Interesse war geweckt. Männer, die kochen lernen, wollen auch brauen lernen.

Alles was man zum Bierbrauen benötigt, ist in einem normalen Haushalt zu finden. Kochtöpfe, Kochlöffel, Küchenwaage, Thermometer, Messbecher, Eimer sind für den Anfang ausreichend. Damit lassen sich schon ein paar Liter Bier brauen. Man kann klein anfangen und wenn die Begeisterung für dieses Hobby größer wird, dann wird auch die eigene »Brauereiausstattung« mitwachsen.

»Wer möchte welches Bier brauen?«, fragt der Braumeister und verteilt mit dem Küchenchef die Rezept- und Sudberichte. »Pilsener, Kellermärzen, Hefeweizen, Fränkisches dunkles Lager oder Goldener Bock. Jede Biersorte hat eine andere Rezeptur«, erklärt der Braumeister. In den Kojen, jeweils zwei Personen hantieren mit einem 30 Liter Einkochtopf, wird man sich schnell einig und bekommt die entsprechenden Zutaten auf die Küchenplatte abgelegt. Um knapp 25 Liter Pilsener Bier zu bekommen, benötigt man gut 33 Liter Wasser, 5 Kilogramm Pilsener Malz, 55 Gramm Hopfen und etwas Hefe.

»20 Liter Leitungswasser in den Einkocher geben und auf 40 Grad erwärmen.« Der Braumeister gibt genaue Anweisungen: »Danach das geschrotete Malz langsam in das heiße Wasser geben, und immer gut mit dem Kochlöffel durchrühren. Es darf nichts anbrennen.« Fünf Kilogramm Malzschrot sind nicht mal eben in den Kochtopf eingerührt – das dauert. Oder es schäumt über, wenn man zu schnell und hektisch arbeitet. Küche und Gerätschaften putzen, das begleitet einen ständig an diesem Wochenende. Der Blick in den Kochtopf erzeugt das Bild, als würde man für die ganze Kompanie Müsli kochen. Die nächsten zwei Stunden werden rührend vor dem Kochtopf verbracht – wie gut, dass man zu zweit ist.

Das geschrotete Malz in das warme Wasser geben, das nennt man »Einmaischen«. Danach kommen die verschiedenen »Rasten«. Die Maische wird auf eine bestimmte Temperatur aufgeheizt, verbleibt in diesem Temperaturbereich eine bestimmte Zeit – rastet also – und wird auf die nächste Stufe hochgeheizt und rastet wieder. In diesen Rasten werden Eiweißstoffe abgebaut, der zu vergärende Zucker gebildet und Stärke umgewandelt. Diese Arbeitsschritte sind sehr wichtig und müssen genau eingehalten werden. Der Blick auf die große Küchenuhr an der gegenüberliegenden Wand, als der Einkochtopf 52 Grad erreicht hat, zeigt: 9:40 Uhr. Jetzt 20 Minuten diese Temperatur halten, rühren nicht vergessen, und dann um 10:00 Uhr auf 63 Grad aufheizen. 20 Minuten später hat auch dieser Kochtopf die Temperatur erreicht. Nun 30 Minuten rasten und danach auf 72 Grad aufheizen.

Wenn alle drei Rasten durch sind, dann zügig auf 78 Grad hochheizen und mit dem Abmaischen beginnen. Wer glaubt, man könne nun in die verdiente Mittagspause gehen, hat sich gewaltig geirrt. Beim Bierbrauen tauchen Begriffe wie »Rasten« und »Läuterruhe« auf – das klingt fast schon nach meditativem Kochen, funktioniert aber nur in einer Gruppe. Allein ist man ständig auf Achse: kochen, rühren, kochen, rühren, umfüllen, putzen, kochen …

Jetzt müssen die gut 25 Liter heiße Malzmischung in den Läuterbottich. Ein 30-Liter-Eimer mit einem Auslaufhahn und einem sogenannten Läuterblech (gebogenes Edelstahlblech mit feinen Schlitzen) am Boden. Die Maische wird nun vorsichtig mit einem Messbecher umgefüllt. Ist alles im Läuterbottich, kommt die »Läuterruhe« mit 20 Minuten Pause. In dieser Phase setzt sich der Treber, so nennt man die festen Bestandteile der Maische, ab und bildet für das Läutern den wichtigen Filter.

Von wegen Pause. In der Zwischenzeit wird der Einkochtopf gesäubert und für das Würzekochen vorbereitet. »Vorsichtig den Hahn öffnen und die Trübwürze langsam in den Messbecher laufen lassen. Die ersten Liter werden sehr trüb sein.« Der Braumeister schaut in jede Koje und sorgt dafür, dass kein Hahn zu weit offen ist. »Je langsamer es läuft, umso geringer ist der Sog und es werden keine Festteile aus dem Filter heraus geschwemmt.« Vorsichtig werden über eine Schaumkelle die ersten beiden Messbecher wieder zurück in den Läuterbottich geschüttet. Nachdem die Würze nun »klar kommt«, fließt sie in den Einkochtopf. Nach dem Rezept müssen jetzt noch 13 Liter heißes Wasser Nachguss zusätzlich in den Läuterbottich kommen. Wenn der Einkocher dann mit gut 26 Litern gefüllt ist, beginnt das Würzekochen. Vorher wird etwas Würze in einem Messzylinder gegeben und mit einer Spindel die Stammwürze gemessen.

Kocht das »leckere Süppchen« – es riecht schon nach Brauerei –, dann wird der erste Hopfen beigefügt und die nächsten 90 Minuten Kochzeit beginnen. Kurz vor Ende der Kochzeit kommt die zweite oder auch dritte Hopfengabe dazu, diese sorgt für das Aroma des Bieres. Hat sich die thermische Bewegung im Kochtopf beruhigt, dann kommt der Teil, der allen Männer beim Kochen Spaß macht – der Whirlpool. Mit dem Kochlöffel durch gleichmäßige Bewegung in eine Richtung einen Strudel erzeugen und die Würze sich im Kreis drehen lassen. Deckel auf den Topf und 20 Minuten Pause, während der Whirlpool seine Runden dreht. Sie ahnen es schon, nutze die Pause: Läuterbottich reinigen, Treber entsorgen, Gäreimer gründlich reinigen und vorbereiten.

Und nun kommt wieder das gleiche Spiel. Vom Kochtopf läuft langsam die Würze in den Gäreimer. Je weniger Würze im Einkocher ist, umso deutlicher sieht man in der Mitte einen »Trubkegel« am Boden. Das sind die Hopfenteile, die sich durch den Whirlpool gesammelt haben. Vorsichtig, ruhig und langsam arbeiten, damit der Trubkegel nicht zerfällt. Den Gäreimer mit dem Deckel verschließen und am besten über Nacht auf 20 Grad abkühlen lassen. Jetzt ist Zeit für ein kühles Bier und interessante Gespräche mit den Teilnehmenden. Es ist nicht nur »Smalltalk«, sondern über den Erfahrungsaustausch von Bierbrauen, Kochen, Basteln geht es zügig in berufliche, private, ethische und moralische, auch theologische Themenbereiche.

Am nächsten Tag kommt nun die Hefe in die abgekühlte Würze dazu. Jetzt übergibt der Brauer mit den Worten »Gott gebe Glück und Segen drein« der Hefe das Kommando und diese bestimmt auch das Tempo. Die kommenden zehn Tage arbeitet die Hefe im Gäreimer. Anschließend, um die Flaschengärung zu starten, wird etwas Traubenzucker als Speise in das Jungbier gegeben. Abgefüllt in Flaschen beginnt nun die Nachgärung, es bildet sich das nötige CO_2 und noch etwas Alkohol. Gut zehn Tage stehen die Flaschen bei etwa 18 bis 20 Grad – ähnlich wie die Hauptgärung – und danach beginnt die Reifezeit, am besten 14 Tage im Kühlschrank bei etwa drei Grad.

Ein langer Weg bis zur ersten Verkostung des eigenen Bieres, aber er lohnt sich wahrlich. Mit Freunden, Nachbarn, der Gruppe wird daraus ein außergewöhnliches Fest. Die nächsten Hobbybrauer sind damit schon gefunden.

Zehn Tipps zur Umsetzung

1. Es ist wie bei jedem Hobby: Selbstgemachtes aus »Laienhand« weckt das Interesse. Ein Bier mit normalen Kochgerätschaften in der eigenen Küche herzustellen, erzeugt den »Das will ich auch mal probieren«-Effekt. Die Verkostung selbst gemachter Biersorten verstärkt das nochmals. Es lohnt sich also, einen Brautag für Männer in einer Gemeinde anzubieten – das Selbermachen reizt Männer. Und ein anschließendes Bier-Tasting lädt andere dazu ein, in der Gemeinde vorbeizuschauen. Ansprechpartner Herbert Kirchmeyer: www.afg-elkb.de/liste-der-mitarbeiter-innen/herbert-kirchmeyer
2. Ein öffentlicher Brautag kann in jedem Gemeindehaus mit Küche stattfinden. Mit einer geringen Investition in ein paar Gerätschaften (siehe Literaturhinweise) können die Teilnehmenden am nächsten Tag einen eigenen kleinen Gäreimer mit dem ersten Sud und eine Anleitung mit nach Hause nehmen und diesen dort weiter betreuen. Ein paar Wochen später darf jeder sein Ergebnis präsentieren.
3. Alternativ kann der Prozess bis zur Flaschenabfüllung auch von einer Person betreut werden. Das Abfüllen des Jungbiers erfolgt dann wieder gemeinsam im Gemeindehaus. Die Flaschengärung und Reifung geschehen bei den Teilnehmern zu Hause. Das erste Öffnen und Verkosten ist wieder ein gemeinsamer Vorgang.
4. Die Interessenten treffen sich zu *einem* Brautag. Das ist zeitlich überschaubar und es entsteht eine »Gruppe auf Zeit«. Weitere Treffen finden nur bei Bedarf und den nötigen zeitlichen Kapazitäten statt.
5. Gemeinsames Kochen, gemeinsames Brauen weckt Kreativität. Verschiedene Malz- und Hopfensorten ergeben Hunderte von Rezepturen und interessante Geschmäcker.
6. Das Bastlerherz im Mann wird angeregt. Wie kann man aus einem Scheibenwischermotor ein Rührwerk herstellen? Wie kann man den Brauvorgang optimieren? Die Anregungen in entsprechenden Foren sind unendlich (siehe z. B. die Literaturhinweise).
7. Der Wunsch nach einer eigenen Brauküche, einem Sudhaus und Lagerraum ist schnell geweckt. Da bieten sich gerade im länd-

lichen Raum mit Gemeinschaftshäusern, Brotbackstuben usw. viele Chancen an.
8. Beim gemeinsamen Brauen entstehen viele Gesprächsmöglichkeiten über Gott und die Welt. Der Brautag kann mit Grillen, Lagerfeuer und Gesang angereichert werden. Aber auch bei einer Pfarrgarten-Säuberungs-Aktion, bei einem Gemeindefest oder einer Sportveranstaltung kann ein Bierbrau-Seminar ein zusätzlicher Anreiz für Männer sein, um kräftig »mitzumischen«.
9. Wer gutes Bier herstellt, möchte auch für seine Arbeit gewürdigt werden. Gemeindefeste mit kostenlosen Proben sind eine gute Gelegenheit und ein ausgezeichneter Werbeträger für weitere Interessierte.
10. Bierbrauen darf jede Person, Heimbrauen ist nicht genehmigungspflichtig, aber meldepflichtig. Bevor die ersten Liter im heimischen Kochtopf gebraut werden, muss das Bierbrauen beim zuständigen Hauptzollamt gemeldet werden. Die Anmeldung ist gebührenfrei. Im privaten Bereich sind 200 Liter pro Jahr steuerfrei, danach entfällt eine geringe Steuer. Wird das Bier verkauft, dann greifen andere Steuersätze und es muss ein Gewerbe angemeldet werden.

Eine Andacht für Bierbrauer – Gedankensplitter – Assoziationen

Luther und das Bier

> »Gestern musste ich daran denken, dass ich ein sehr gutes Bier daheim habe und dazu eine schöne Frau (oder sollte ich sagen Herren). Und du tätest wohl, dass du mir den ganzen Keller meines Weins herüber schicktest, und eine Flasche deines Biers.« (an Katharina aus Dessau, 1534)

Luther und seine Käthe hatten als Hausbesitzer das Braurecht erworben. Jeder Bürger durfte Bier brauen und es auch verkaufen. Im Mittelalter wurde hauptsächlich Dünnbier gebraut. Durch das Abkochen von Wasser wurden die allgegenwärtigen Kolibakterien vernichtet. Dünnbier hat also das Leben verlängert.

Käthe hatte sich anfangs die Gerätschaften zum Brauen von der Stadt geliehen, später hatte sie ihre eigene Brauerei, aber bei der Menge an ständigen Gästen mussten die Luthers immer wieder Bier zukaufen.

Wenn Käthe brauen kann, dann kann ich das auch, ich habe schließlich schon einen Männerkochkurs besucht. Man braucht auch nicht viel: einen Herd, einen Kessel, Wasser, Gerste, Hefe, Hopfen und etwas Ahnung oder eine gute Anleitung.

In heißes Wasser wird das Gerstenschrot vorsichtig eingerührt, langsam weiter erhitzen, und immer fleißig rühren, rühren, rühren.

Und da sind sie, die Begriffe, die theologisch spirituell klingen und den Braukurs zu einem meditativen Seminar werden lassen: rasten, läutern, ruhen.

Es kommt die Eiweißrast, die Maltoserast und die Dextrinrast, danach die Läuterruhe.

Dazu hat der Volksmund auch Kommentare abgegeben: »Wer rastet, der rostet.«, »Ruhe kommt vor dem Sturm.«, »In der Ruhe liegt die Kraft.« Und eine indianische Weisheit: »Wir müssen von Zeit zu Zeit eine Rast einlegen und warten, bis unsere Seelen uns wieder eingeholt haben.«

Wie ist nun unser Leben? Gut organisiert und verplant und die »Work Life Balance« ist in Ordnung. »Arbeitest du noch oder lebst du schon?«, hat mal einer gefragt. *Work*/Arbeit ist Last und *life*/Leben ist Freude. Meiner Meinung nach ist das ein falscher Ansatz. Was wir tatsächlich brauchen, sind Rast- und Ruhephasen. Aber zurück zum Bier.

In der Eiweißrast werden die Eiweißstoffe abgebaut: hochmolekulare in niedermolekulare und die bewirken den Schaum im Bier. Nicht zu lange an dieser Stelle rasten.

In der Maltoserast bildet sich der Maltosezucker und den braucht man für den Alkohol – sehr wichtig für den gesamten Gärverlauf.

In der Dextrinrast wird Stärke in nichtvergärbare Dextrine umgewandelt. Den Zucker brauchen wir später noch.

Dreimal rasten, um ein gutes Ergebnis zu erzielen. Dreimal die erreichte Temperatur wirken lassen. Dreimal vorm Kessel stehen und warten müssen. Zeiten der Ruhe, Zeiten der Orientierung.

Danach kommt das abläutern: »läutern«, »erläutern« »Lauterkeit« »lauter«, als »rein«, »ungetrübt«, »aufrichtig«. Es geht zurück auf ahd.

(h)lūt(t)ar (8. Jh.), mittelhochdeutsch *lūter* (»hell, rein, klar, unvermischt, lediglich«). Die Ausgangsbedeutung »gespült«, »gewaschen« wird bereits im Althochdeutschen zu »klar«, »hell«, »unvermischt« und oft übertragen zu »Haltung« und »Gesinnung« eines Menschen (»lauterer Charakter«, »lauteres Wesen«). Läutern als Vorbedeutung im Sinne von »reinigen«, »von Schlacken befreien«, »bessern«.

Unser Gekochtes muss in den Läuterbottich und durch das Läuterblech. Aber vorher auch eine Rast, die Läuterruhe, einhalten. Danach kommt erst die Würze – die Grundlage des Bieres – heraus und sie soll klar und rein sein. Und immer wieder einen Becher rauslassen und wieder vorsichtig zurück in den Bottich geben, bis die Würze klar ist.

Jetzt erst beginnt das Würzekochen, die Hopfenzugaben mit Bitter- und Aromahopfen. Die Kochzeiten werden länger und die Ruhephasen ebenfalls, es beginnt das Abkühlen und die Vorbereitung für die Hefegabe. Danach erfolgen der Gärstart und die lange Zeit des Wartens. Mit der Speiszugabe nach zehn Tagen und der Flaschenabfüllung kommt die nächste Wartezeit von drei Wochen bis zur ersten Bierprobe.

Und siehe, es ist alles gut geworden. Ich wünsche uns viele Rast- und Ruhezeiten, damit unsere Arbeit, unser Leben, unser Wirken gelingen möge.

Literatur und Hinweise

Uwe Ebbinghaus: Luther und das Bier (1). Frankfurter Allgemeine 2017. https://blogs.faz.net/bierblog/2017/02/02/luther-und-das-bier-1-1641/ (Zugriff am 1.6.2019).
Udo Meeßen: Hobbybrauer. Ausführliche Anleitung für Einsteiger. Vom Hobbybrauer für Hobbybrauer. Hamburg 2014.
Luther über das Bier auf der Homepage des Deutschen Brauer-Bunds: www.reinheitsgebot.de/startseite/bierkultur/luther-und-das-bier/luther-ueber-das-bier
Fachversand für Zutaten: www.hobbybrauerversand.de
Rezepte und Informationen rund ums Bier: www.maischemalzundmehr.de
Rezepte, Ausstattungen, Informationen: www.taunusbrauer.de
Facebookgruppe »Hobbybrauer« mit über 6000 Mitgliedern: www.facebook.com/groups/467311503289843
Berechnungen rund ums Bierbrauen: www.fabier.de/biercalcs.html

Herbert Kirchmeyer, Diakon, Kommunikationswirt, ist Referent für Gemeindebezogene Öffentlichkeitsarbeit im Amt für Gemeindedienst (afg) der ELKB in Nürnberg.

12 Die eigenen Wurzeln entdecken – Männer-Rüstzeit

Günter Kusch

Bei der Männer-Rüste wird biografisch tief gebuddelt.

Zweige, Äste, ein Baumstumpf – das Thema des Wochenendes liegt sozusagen vor unseren Augen. »Wo bin ich verwurzelt, wer hat mich geprägt und was soll noch wachsen?« So lauten die Fragen bei einer Männer-Rüste im Fichtelgebirge. »Ein schlauer Kopf hat einmal gesagt: Zeige mir, wie du lebst, und ich sage dir, welche Wurzeln du hast« – mit diesem Input beginnt das Seminar, bei dem biografisch tief gebuddelt wird. Warum bin ich so, wie ich bin? Wo hat mein Handeln seinen Grund und »Boden«? 18 Männer sind ins Evangelische Bildungs- und Tagungszentrum Bad Alexandersbad angereist, um sich diesen Fragen zu stellen.

Schon bei der Vorstellungsrunde erlauben die Teilnehmer einen Blick hinter ihre Kulissen. Was bläst dem »Baum Mann« derzeit kräftig Wind in die Blätter? Eine gescheiterte Beziehung, Mobbing am Arbeitsplatz, die Erziehung der beiden Söhne, eine neue Liebe, die Gestaltung des Ruhestands oder eine gute Berufswahl nach dem Studium – ganz Unterschiedliches, Schönes wie Bedrückendes, bewegt die Männer, die aufgrund ihres Alters zwischen 23 und 80 Jahren an verschiedenen Lebensstationen stehen. Ein Wochenende schenkt Zeit, einmal ganz unter Männern, ohne Scheu oder Ablenkung, ins Gespräch zu kommen – und Kraft zu tanken. Denn selbst ein stark verwurzelter Baum braucht gute Erde, genügend Wasser und ausreichend Raum zur Entfaltung.

Am Samstag führt ein Pfarrer und Referent in die Archetypenlehre von C. G. Jung ein, die später von Richard Rohr und anderen aufgegriffen wurde. »Wer bin ich – und wenn ja wie viele?«, fragt Richard David Precht. Gleicht mein Charakter dem eines Königs, der gern über ein Reich herrscht und sein Volk vor Feinden bewahrt? Er liebt es, den Menschen ein Gefühl von Stabilität und Sicherheit zu geben. Oder bin ich eher der Liebhaber-Typ, der sich an der Schönheit des Lebens ergötzt? Mitunter vergesse ich, dass es auch unangenehme Zeiten gibt und die Welt nicht absolute Befriedigung bietet. Natürlich kann ich auch Eigenheiten eines Kriegers oder Magiers bei mir entdecken. In einer zweiten Runde blicken die Männer auf Wesenszüge, die bei ihnen in Zukunft noch stärker ausgebildet werden sollen.

Buchstäblich an die Grenzen geht es dann beim Pilgerweg durch den winterlichen Wald. Durch tiefen Schnee stapfen, durch dichtes Gestrüpp und über verborgene Wurzeln wandern die Männer zur Kösseine hinauf. Der Gipfel des Bergmassivs im Fichtelgebirge, südlich von Wunsiedel, liegt auf einer Höhe von 939 Metern. Über die Kösseine verläuft die Grenze der Regierungsbezirke Oberfranken und Oberpfalz sowie die Europäische Wasserscheide zwischen Nordsee und Schwarzem Meer. Dass hier einst Goethe vorbeikam, um wissenschaftliche Abhandlungen über die Granitverwitterung zu verfassen, interessiert an diesem Nachmittag niemanden. »Wenn wir nun eine Weile schweigend gehen, denken wir über Ziele und Wünsche nach, die uns im Alltag und in der Arbeit antreiben.«

An einer Quelle erfrischen sich die Pilger – klares Gebirgswasser stillt den Durst. »Wo tanken wir auf?« »Und wonach dürsten wir?« – Mit diesen Fragen im Gepäck geht es weiter bis zum Kösseinehaus auf 939 Meter Höhe. Eisiger Wind bläst uns ins Gesicht, der letzte Anstieg bis zur Hütte ist steil und bringt außer Atem. Der bezaubernde Blick auf den Kösseineturm, dessen Granitquader mit Schnee bedeckt sind, lässt die Anstrengungen der vergangenen Stunden vergessen. Die Wärme des Gastraums im Kösseinehaus, der leckere Apfelstrudel mit Vanillesoße, die Gespräche – gestärkt machen wir uns wieder auf in Richtung Tal.

»Von Versuchungen und Visionen« lautet das Thema des Gottesdienstes am Sonntag. Welche Sehnsüchte halten uns auf Trab? Was schadet mir und was hilft mir? Die Erzählung von der Versuchung Jesu (Matthäus 4) inspiriert, auf eigene »Versuchungen« zu blicken. Welche Werte machen dein Leben lebenswert? In welche Abenteuer habe ich mich gestürzt, die ich später bereut habe? Wo fühle ich mich mächtig oder schwach? Kenne ich den Wunsch, über andere zu herrschen? »Engel kamen und dienten Jesus«, so heißt es am Ende der biblischen Geschichte. Kenne ich himmlische Helfer, die mich auf meinem Lebensweg beschützt haben?

Der Gottesdienst bekommt eine unerwartete Wendung. Die geistliche Besinnung dreht sich um den Gedanken, dass Jesus erst an eigene Grenzen, in persönliche Niederungen und Versuchungen gelangen musste, um seine Aufgabe als »Sohn Gottes« wahrzunehmen. Das stößt auf Widerspruch. »Wie kann Jesus versucht werden? Er ist doch von göttlicher Natur?«, meldet sich einer der Männer zu Wort. Kurzerhand und ungeplant entwickelt sich eine Diskussion über die Zwei-Naturen-Lehre, die auf dem Konzil von Chalcedon (451) lehrmäßig festgeschrieben wurde. Doch wie kann man das verstehen? Jesus Christus – wahrer Mensch und wahrer Gott.

Den unerwarteten Break, die ungewohnte Unterbrechung des Gottesdienstes, lassen wir an dieser Stelle zu. »Das wäre bereichernd, wenn solche Diskussionen öfter einmal in einem ganz normalen

Sonntagsgottesdienst aufkämen«, meint einer der Teilnehmer. Die Idee stößt auf Zustimmung. Der Disput über den »Gottessohn« zeigt bei der Männer-Rüste jedoch eins ganz deutlich: Es ist nicht nur spannend, über die eigenen Wurzeln nachzudenken. Es lohnt sich, auch über die Herkunft unserer Glaubensvorstellungen immer wieder neu nachzudenken. Verästelungen, Verzweigungen und Wurzeln unseres Christseins – auch diese Themen liegen – nicht nur bei einer Männer-Rüste – direkt vor unseren Augen.

Zehn Tipps zur Umsetzung

1. Der Begriff »Männer-Rüste« stammt aus der kirchlichen Partnerschaft von Bayern und Mecklenburg. Bis heute gibt es zahlreiche Angebote in der Nordkirche mit diesem Titel. Gerade die Älteren wissen, worum es dabei geht: ums Auftanken, zur Ruhe kommen, das Leben reflektieren, Pläne schmieden, Spiritualität erleben, den Alltag hinter sich lassen und in die Natur eintauchen (heute spricht man vom »Waldbaden«). Mittlerweile gibt es neue Formate mit neuen Namen wie »Oasentage« oder »Auszeiten für Männer«. Der Titel der Veranstaltung sollte auf jeden Fall zu den Inhalten des Wochenendes passen.
2. Für eine »Männer-Rüste« eignen sich Selbstversorgerhäuser genauso wie Bildungseinrichtungen mit Halb- oder Vollpension. Manchen Männern macht es Spaß, gemeinsam zu kochen. Andere genießen es, ein paar Tage verwöhnt zu werden und sich ganz auf sich, die Gruppe und die thematischen Inhalte konzentrieren zu können.
3. Das Umfeld der Unterkunft sollte Natur pur bieten. Je nachdem, ob man im Sommer oder Winter zusammenkommt, können Radtouren, Besichtigungen, Kulturangebote, Ausflüge, Wanderungen durch Schneelandschaften oder Andachten im Freien angeboten werden. Interessant sind »Männer-Wellness-Tage« mit Sauna und Schwimmbad.
4. Die Ausschreibung für eine Männer-Rüste sollte deutlich machen, um welches Thema es geht und was an diesen Tagen genau passiert. Männer wollen zuvor wissen, worauf sie sich einlassen, damit keine Unsicherheit oder Enttäuschung entsteht.

5. Thematisch eignet sich das Jahresthema der Männerarbeit gut, das seitens der EKD-Männerarbeit und der Mitgliedseinrichtungen im Vorjahr festgelegt wird. Es kann auch ein Wochenende mit Formaten aus der Biografiearbeit gestaltet werden.
6. Attraktiv ist es, die Seminartage mit handwerklichen Tätigkeiten zu verbinden. Ein Motorsägenkurs, ein Bierbraukurs oder die Mithilfe im Klostergarten und der dortigen Landwirtschaft können zur Grundlage guter Gespräche werden. Attraktiv sind auch die Beschäftigung mit Ton (Töpfern) und Stein oder der Einsatz von Musikinstrumenten.
7. Um am ersten Abend gut ins Gespräch zu kommen, sollte man sich einen kreativen Einstieg überlegen. Eine große Wurzel in der Mitte regt an, über persönliche Wurzeln und die eigene Herkunft zu sprechen. Sechs verschiedene Paar Schuhe inspirieren dazu, über Begriffe wie »Heimat« (Hausschuhe), Hobbys (Fußball- oder Tanzschuhe) oder spezielle Lebenswege (Wanderschuhe) nachzudenken.
8. Inhaltliche Einheiten und der Gang in die Natur müssen in einem guten Verhältnis stehen. Es ist gut, mehr spielerisch statt theoretisch an Themen heranzugehen. Bildung geschieht bekanntlich mit Kopf, Herz und Hand. Vor allem sollten Interessen der teilnehmenden Männer berücksichtigt werden, die bereits in der Startrunde geäußert werden.
9. Am Ende des Wochenendes steht die Feedbackrunde. Ich nutze dazu drei Bälle mit unterschiedlichen Gesichtern darauf: Was hat mich zum Lächeln gebracht? Was lässt mich kalt? Und was hinterlässt noch Fragen oder sogar Wut?
10. Wichtig bei der Männerrüste sind kurze Andachten, spirituelle Impulse in der Natur und der Gottesdienst am Sonntag. Entweder man nutzt die Kapelle vor Ort für ein eigenes Angebot oder man besucht den dortigen Gemeindegottesdienst. Es ist möglich, nach vorheriger Absprache mit dem Ortspfarrer bzw. der Ortspfarrerin, den Gottesdienst mitzugestalten und Elemente oder Ergebnisse aus den Rüsttagen miteinzubringen.

Ansprechpartner und Adressen

Das »forum männer« in Bayern, das Männerforum der Nordkirche, aber auch der CVJM sind gute Ansprechpartner in Sachen »Männer-Rüstzeiten«: www.maennerarbeit-bayern.de, CVJM: www.ruestzeiten.info, www.maennerforum-nordkirche.de.

Die Männerarbeit der Ev.-Luth. Landeskirche Sachsens hat zudem Männer-Mountainbike-Rüstzeiten im Programm: www.maennerarbeit-sachsen.de.

Zahlreiche Rüstzeiten bietet die Evangelische Jugend im sächsischen Marienberg an: www.evjumab.de.

Männer-Rüste zum Thema »Darum prüfet alles, das Gute behaltet – Beweglich bleiben«

Das Thema kann abgewandelt werden, z. B. »Biblische Männer unterwegs – mein eigener Lebensweg«.

Freitag
18:00 Uhr: Abendessen.

19:30 Uhr: »Prüfet alles, das Gute behaltet« – Vorstellung und Einstieg.

Verschiedene Schuhe liegen in der Mitte.
- Hausschuh: Wo ist meine Heimat? Wo fühle ich mich wirklich zu Hause?
- Tanzschuh: Was sind meine Hobbys? Was bringt mich in Schwung? Wo tanke ich auf?
- Wanderschuh: Welche Wege bin ich gegangen? Gab es Irrwege oder bergige Höhen zu bewältigen?
- Turnschuh: Welcher Sport tut mir gut? Welche sportlichen Leistungen habe ich bereits bewältigt?
- Bunter Schuh: Was war das Verrückteste in meinem Leben? Welche verrückte Idee will ich auf jeden Fall noch umsetzen?

- Arbeitsschuh: Was mache ich beruflich? Woran muss ich noch arbeiten? Welche Aufgabe liegt noch an?

21:30 Uhr: Tagesabschluss in der Kapelle
- Begrüßung: Im Namen des Vaters, des Sohnes und des Heiligen Geistes.
- *Entzünden einer Kerze.*
- Gebet: Barmherziger Gott, am Ende dieses Tages halten wir noch einmal einen Moment inne. Welche Schritte bin ich gegangen? Welche Wege haben mich hierhergeführt? Wo habe ich heute deine Fußspuren entdeckt, guter Gott? In der Stille spüren wir den Eindrücken nach, die wir heute gemacht haben. – *Stille* – Barmherziger Gott, wir legen diesen Tag zurück in deine Hand und bitten: Begleite uns mit deinem Segen – in unserem Wirken und an diesem Abend und diese Nacht. Amen.
- Lied: »Darum prüfet alles« (s. Hinweise).
- *Die Schuhe liegen noch einmal in der Mitte.*
- Schuh-Meditation: Schuhe. Nicht »uni-form«, ein Bild der Vielfalt. Männerschuhe – verschiedene Schuhe, verschiedene Leben. Zweckmäßig und praktisch die einen. Schuhe für draußen – erprobt und dringend benötigt für grobe und raue Wege, Überlebenswege. Schuhe für drinnen – für die leichten und schönen Wege, Heimat und Zuhause. Sie alle erzählen von der Sehnsucht nach einem Ort der Ruhe, des Innehaltens für Leib und Seele – einem Ort für Begegnung und Nähe. Sie alle: individuell geformt durch die Füße, die sie tragen. Unverwechselbar. »Prüfet alles, das Gute behaltet.« Welchen Schuh ziehe ich mir an? Ist meiner dabei? Oder – noch – nicht? In Schuhe schlüpfen, die nicht meine sind, das geht nicht gut auf Dauer. In ein Leben schlüpfen, das nicht meins ist – das kann nicht das Ziel sein. Nicht mein Stil – oder unpassend. Ich werde mich darin verlieren – oder es beginnt zu drücken – irgendwann. Jeder Schritt wird zur Qual – ich komme nicht vorwärts. Beweglich bleiben. Ich möchte ankommen – mit meinen Schuhen – im Land des Willkommens. Ich möchte weiterkommen – mit meinem Leben – auf Augenhöhe, verbunden mit anderen. Anteil nehmen und Anteil geben. Meine Schuhe – meine Erfahrungen, meine Werte, mein Leben

darzustellen. Erkennen lassen, was mir wichtig ist, was mich prägt, wofür ich mich einsetze, was ich glaube, was ich hoffe. Den Blick nach rechts, nach links, auf mein Gegenüber richten. Und verweilen lassen. Mich annähern. »Er-leben« wollen. Anderen nicht im Weg stehen. Damit alle Zugang finden zum Land des Willkommens. Barmherziger Gott, lass uns füreinander Heimat sein. Amen.

- Lied: »Dass der Weg dir glückt« (z. B. in: stark starten. Praxisheft Kirchenvorstand 3. Andachten. Hg. vom Amt für Gemeindedienst Nürnberg 2016, S. 21).
- Vaterunser.
- Segen: Gottes Segen begleite dich Tag und Nacht. Gott sei vor dir wie ein wärmendes Licht, das deinen Weg hell macht. Gott sei bei dir wie eine freundliche Hand, die dich hält. Gott sei in dir wie ein tröstendes Wort, das dir Frieden schenkt. So geh deinen Weg, von Gott geliebt und gesegnet – es segne dich Gott, der Vater, der Sohn und der Heilige Geist. Amen.

Samstag

8:00 Uhr: Frühstück.

8:45 Uhr: Spirituelle (Körper-)Übung im Freien.

9:15 Uhr: Biblische Männer auf dem Weg – mein persönlicher Weg: In den vier Ecken des Raumes hängen Bilder von vier biblischen Männern. Wir gehen von Station zu Station und lernen sie kennen, z. B. Elia, Jakob, Jakobus, Johannes (siehe S. 126 ff.). Wir kommen ins Gespräch: Kenne ich solche Wege bei mir? Habe ich mich anders entschieden in einer ähnlichen Situation? Hätte ich andere Schwerpunkte gesetzt?

10:30 Uhr: Einzelarbeit – Spuren meines Lebens festhalten.
Auf Fußspuren aus Papier schreibe ich wichtige Stationen. Ich klebe sie auf ein Plakat mit einem Weg. Wo gab es Abzweigungen?

11:15 Uhr: Pause.

11:30 Uhr: Vorstellung der Lebenswege.
In Zweier- oder Dreiergruppen stellen wir uns unsere Lebenswege vor. Gibt es Ähnlichkeiten? Was fällt mir beim anderen auf? Traumreise oder Körperübung zum Abschluss im Plenum.

12:00 Uhr: Mittagessen.

14:00 Uhr: Wir gehen einen gemeinsamen Weg, hier z. B. zur Kösseine oder durch das Felsenlabyrinth.
Impulse unterwegs – Pilgern und Palavern (siehe Literatur).

18:00 Uhr: Abendessen.

19:30 Uhr: Weinprobe und gemütliches Beisammensein.

Sonntag
8:00 Uhr: Frühstück.

9:30 Uhr Gottesdienst.
- Musik zum Beginn (CD oder Piano).
- Eröffnungsritual: Am Anfang, ganz am Anfang, als alles noch dunkel war, sprach Gott: Es werde Licht. Und es ward Licht.
- *Eine Kerze wird angezündet:* Am Anfang, ganz am Anfang, als alles noch lautlos war, war das Wort bei Gott. Und was Gott war, war im Wort.
- *Eine Bibel wird aufgeschlagen und auf den Altar/Tisch gelegt:* Als die Zeit erfüllt war, sandte Gott seinen Sohn. Er kam zu uns. Er wurde einer von uns.
- *Ein Kreuz wird aufgestellt:* Am Anfang dieses Tages versammeln wir uns um Gottes Licht, Wort und Kreuz. Dazu segne uns der barmherzige Gott, der Vater, der Sohn und der Heilige Geist. Amen.
- Lied: »Aus meines Herzens Grunde« (EG 443, 1.2.6.7).
- Gebet: Guter Gott, wir brauchen deinen heiligen, guten Geist, der uns zueinander bringt, der uns hilft, wenn wir Angst haben, der uns Mut macht zu neuen Schritten und der uns Hoffnung gibt, wenn wir nicht weiterwissen. Wir bitten dich um diesen

Geist, der in Bewegung bringen will, für uns und für alle Menschen. Amen.
- Psalm 8 (in einer modernen Nachdichtung von Gottfried Schille im Auftrag der VELKD): Herr aller Welten, wie herrlich ist dein Name in allen Ländern: Bis in die fernsten Fernen des Alls reicht deine Hand. Kinder bestaunen eher als Gelehrte, ja, Säuglinge schon preisen mit frohem Krähen, was sie von dir empfingen. Denn der Tor ruft zu Zank und Neid, sie aber besingen die empfangene Liebe. Sehe ich die Gestirne, deiner Finger Werk, den Mond und die Welten aus deiner Hand: Wie so gar nichts ist der Mensch, ein Staubkorn auf unbedeutender Erde. Aber wie hoch hast du, Gott, ihn erhoben. Er ist fast wie du selbst. Seine Werke sind schneller als jeder Vogel, seine Hände greifen bis ins Innerste der Erde und weit hinaus in die Sternenwelt. Du hast ihn zum Herrn der Welten gemacht. Nichts ist seinem Geist entzogen und seinem Zugriff kein einziges Ding. Herr aller Welten, wie herrlich ist dein Name in allen Ländern! (Schille 2005)
- Glaubensbekenntnis.
- Lied zum Thema »Weg« je nach Jahreszeit oder Themenschwerpunkt: »Wir sagen euch an den lieben Advent« (EG 17, 1–2); »Befiehl du deine Wege« (EG 361); »Bis hierher hat mich Gott gebracht« (EG 329); »Such, wer da will, ein ander Ziel« (EG 346).
- Meditation 1: Der Weg, unser Weg, Gottes Wege
»Alles Gute auf dem weiteren Lebensweg«, so lautet ein typischer Wunsch zum Geburtstag. Oder: »Jetzt beginnt ein neuer Abschnitt auf deinem Weg.« Das wird gesagt, wenn jemand eine neue Stelle antritt oder eine Ausbildung beginnt. Offensichtlich ist das Bild vom Weg ein gutes Symbol für menschliches Leben. Das ist auch in der Bibel so. Das Wort »Weg« (oder »Wege«) kommt mehr als 1000 Mal in der Bibel vor. Wie gesagt: Der WEG ist ein gutes Bild für das Leben. Da ist für manche das Leben wie eine Autobahn – schnell und aufregend. Andere stecken lebensmäßig in einer Sackgasse und sehen keinen Ausweg. Wieder andere erleben sich selbst wie in einem Kreisverkehr. Manche haben vielleicht den Eindruck, ihr Leben sei eine Straße, voller Schlaglöcher, oder sie fühlen sich wie auf holprigem Kopfsteinpflaster. Und dann gibt es sicherlich viele, die

meinen, es gäbe fortwährend Umleitungen zum eigentlichen Leben.

Das Bild vom Weg wird oft mit Gott verbunden. »Wo du auch bist, welchen Wegabschnitt du gerade begehst ... – Gott geht mit.« Oder wie es in einem Bibelvers heißt: »Befiehl dem HERRN deine Wege und hoffe auf ihn, er wird's wohlmachen« (Psalm 37,5). Doch wie finde ich meinen ganz eigenen Weg? Einen, der Gott gefällt? »Prüfet alles, aber das Gute behaltet« – kann dieses Jahresthema der Männerarbeit ein Hinweis sein, wie wir diesen Weg für uns entdecken?

- Lied: »Befiehl du deine Wege« (EG 361, 1.3–4).
- Meditation 2: Brannte nicht unser Herz?

Die Emmausjünger! Männer auf der Suche?! »Und siehe, zwei von ihnen gingen [...]. Und sie redeten miteinander [...], da nahte sich Jesus und ging mit ihnen. Aber ihre Augen wurden gehalten, dass sie ihn nicht erkannten. Er sprach aber zu ihnen: Was sind das für Dinge, die ihr miteinander verhandelt unterwegs? Da blieben sie traurig stehen. [...] Sie aber sprachen zu ihm: Das mit Jesus von Nazareth [...]. Und er sprach zu ihnen: O ihr Toren [...]. Musste nicht Christus dies erleiden und in seine Herrlichkeit eingehen? Und er [...] legte ihnen aus, was in der ganzen Schrift von ihm gesagt war.« (Lukas 24,13–27)

Musik

»Und sie kamen nahe an das Dorf. [...] Und sie [...] sprachen: Bleibe bei uns; denn es will Abend werden, und der Tag hat sich geneigt. [...] Und es geschah, als er mit ihnen zu Tisch saß, nahm er das Brot, dankte, brach's und gab's ihnen. Da wurden ihre Augen geöffnet, und sie erkannten ihn. Und er verschwand vor ihnen. Und sie sprachen untereinander: Brannte nicht unser Herz in uns, da er mit uns redete auf dem Wege und uns die Schrift öffnete? Und sie [...] kehrten zurück nach Jerusalem und [...] sprachen: Der Herr ist wahrhaftig auferstanden [...].« (Lukas 24,28–35).

Geschichten wie diese lösen bei mir die Frage aus: Wie erkenne ich, was wichtig ist für mein Leben und meinen Glauben? Wer oder was öffnet mir die Augen? Wie schaffe ich es, die Mitte zu finden – mein Lebensziel – für mich und andere? Prüfet alles, das

Gute behaltet – eine große Freiheit mutet uns Paulus zu. Habt keine Angst, etwas auszuprobieren, einfach loszugehen, Experimente zu wagen, alles auf die Waagschale zu legen. Bleibt beweglich bei dem, was ihr tut. Gott wird euch, im Gebet oder durch das Lesen in der Bibel, Wege zeigen, so wie den Emmausjüngern. Spürt nach, wohin es gehen soll, mit eurem ganzen Herzen, mit eurer ganzen Seele, mit eurem ganzen Körper. Fragt euch dabei: Wofür brenne ich, wofür brennt mein Herz?

- Lied: »Darum prüfet alles, das Gute behaltet« (s. Hinweise)
- Wir schreiben einen Brief an uns selbst: Wofür brenne ich? Was nehme ich mir vor – im nächsten Jahr? Was gehe ich an? Muss ich einen alten Streit schlichten, mich versöhnen? Steht ein Gespräch an? Möchte ich mir einen lang ersehnten Wunsch erfüllen (ein Hobby, eine Reise)? Muss etwas verändert oder gestärkt bzw. vertieft werden? Was steht an für dich im kommenden Jahr? Schreibe einen Brief an dich selbst, klebe ihn dann zu und adressiere ihn an dich selbst. In einem Jahr wirst du ihn in deinem Briefkasten wiederfinden *(dazu ggf. meditative Musik)*.
- Lied: »Lass uns in deinem Namen, Herr, die nötigen Schritte tun« (EG 634, 1–4).
- Gebet und Vaterunser.
- Segen: Möge Gott dir immer gewähren: Sonnenstrahlen, die dich erwärmen, Mondlicht, das dich verzaubert, einen Engel, der dich vor Schaden bewahrt, Lachen, das dich erfreut, treue Freunde, die in deiner Nähe sind, und wann immer du betest, dass der Himmel dich hört. So segne dich der barmherzige Gott, der Vater, der Sohn und der Heilige Geist. Amen.

10:30 Uhr: Kaffeepause.

11:00 Uhr Abschlussrunde mit Feedback.

12:00 Uhr Mittagessen und Abreise.

Biografien biblischer Männer: Mit welchem dieser Männer kann ich mich identifizieren?

Peter Hirschberg und Günter Kusch

Elia (frei erzählt nach 1. Könige 17–21 und 2. Könige 1–2)

Wer war ich? Lasst es mich so sagen: Ich war ein Radikaler. Einer, der aus innerster Überzeugung für den Gott Israels gekämpft hat. Ich wollte den heidnischen Fruchtbarkeitskult mit Stumpf und Stiel ausrotten. Freilich, der erfreute sich damals großer Beliebtheit, und deshalb habe ich mir viele Feinde gemacht.

Der Tiefpunkt meiner Biografie steht mit all dem in engstem Zusammenhang. Die Königin Isebel, eine eifrige Anhängerin des Baalskults, wollte mir ans Leben. Mir blieb nichts anderes übrig als die Flucht. So bin ich von Angst und Panik getrieben gelaufen, gelaufen und gelaufen, bis ich nicht mehr konnte. Ich war physisch und psychisch am Ende. Burnout im wahrsten Sinn des Wortes. Der Kampf für die Wahrheit hat mir das Äußerste abverlangt, und nun war ich fertig mit Gott und der Welt. Ich wollte nur noch sterben. Da engagiert man sich, kämpft, verausgabt sich bis zum Letzten –, und am Ende triumphieren deine Feinde!

Gott freilich war noch nicht mit mir fertig. Er schickte mir einen Engel, Brot und Wasser inbegriffen, sodass ich zumindest körperlich wieder auf die Beine kam. Plötzlich hatte ich das Gefühl, ich muss laufen, bis zum Gottesberg. Ich brauchte eine Auszeit, eine Klärung, musste wissen, ob es noch irgendwie weitergeht. Dort, am Gottesberg hatte ich dann ein unglaubliches Erlebnis: Ich erlebte mächtige Naturphänomene, Sturm, Feuer und Erdbeben, so wie man sich Gotteserscheinungen in unserer Zeit vorgestellt hat, aber ich hatte immer das eigenartige Gefühl: Gott war da nicht drin. Schließlich kam irgendwann ein leiser Windhauch, und der hat mich innerlich umgehauen. Ich kann es kaum beschreiben. Plötzlich habe ich etwas verstanden: Gott ist nicht der gewaltsame Macher, der reinhaut und sich mit aller Gewalt durchsetzt. Er ist einer, der sanft und liebevoll anrührt und bewegt. Einer, der Lust machen will auf seinen Weg, den Weg der Liebe.

Das war für mich nicht nur eine revolutionäre theologische Einsicht. Es war für mich auch eine innere Kehrtwende. Ich habe plötzlich gemerkt, wer ich war und was da aus dem Ruder gelaufen ist. Ja, ich wollte das Gute. Aber ich war eben auch ein Macher. Ich hatte eine sehr hohe, eine zu hohe Meinung von mir selbst: Ich, Elia, der Prophet, der Künder der Wahrheit. Kurz: Ich war ein religiöser Narzisst. Deshalb habe ich mich auch bis zur Erschöpfung verausgabt – nicht nur wegen Gott, sondern auch, damit ich groß rauskomme. Dort oben am Gottesberg habe ich gespürt, dass ich dieses Streben nach Selbstperfektionierung eigentlich gar nicht nötig habe. Gott liebt mich so, wie ich bin, ohne Wenn und Aber. Es ist nicht schlimm, wenn ich unvollkommen bin. In diesem Moment fiel mir ein Stein vom Herzen. Und eigenartig: In dem Maße, in dem ich die Sanftmut und Zärtlichkeit Gottes wahrnahm, habe ich auch gemerkt, dass die Lage gar nicht so aussichtslos ist. Gott wirkt, aber eben oft anders, als wir denken. Man muss nur Augen haben, um zu sehen. Plötzlich hatte ich wieder neuen Lebensmut.

Krisen sind nie angenehm, aber sie können einem die Augen öffnen für die eigene Wahrheit. Sie enttäuschen, und gerade so brechen sie uns für ein besseres Leben auf.

Jakob (und Esau) (frei erzählt nach 1. Mose 25–36)

Ich bin ein echter Zwilling, nein nicht als Sternzeichen, sondern von Geburt an. Mein Bruder Esau und ich waren quasi aus einem Holz geschnitzt und dennoch grundverschieden. Schon im Mutterbauch sollen wir gestritten haben, erzählte jedenfalls unsere Mutter Rebekka immer. Sie hat es angeblich an den Fußstößen gespürt, mit denen wir uns gegenseitig gepiesackt hatten. Und auch bei der Geburt kämpften wir darum, wer zuerst das Licht der Welt erblickt. So kam ich zu meinem Namen »Jakob«, der »Fersenhalter«, weil ich mich am Fuß meines Bruders festhielt und ihn überholen wollte. Schließlich war es damals üblich, dass der Erstgeborene einmal alles erben würde, was unser Vater Isaak besaß, und zum Familienoberhaupt wurde man auch gekürt – nach dessen Tod.

Esau war ein echter Naturbursche, braune Haut, zotteliges Haar, ständig draußen und auf der Jagd. Das gefiel meinem Vater natürlich sehr. Zusammen setzten sich die beiden ans Feuer und brieten das Fleisch, das Esau mit nach Hause gebracht hatte. Ich dagegen blieb lieber daheim bei meiner Mutter, da ich Angst vor wilden Tieren hatte und gerne beim Kochen half. Ein Muttersöhnchen, sagt ihr? Mag schon sein, dafür war ich schlauer und gewitzter als mein Bruder. Als Esau eines Tages von der Jagd zurückkam und riesen Hunger hatte, luchste ich ihm listig mit einer leckeren Mahlzeit das Erstgeburtsrecht ab. Ihr wisst schon, das ist die Geschichte mit der Linsensuppe.

Als mein Vater sehr alt war und ich spürte, dass er bald sterben würde, heckte meine Mutter einen Plan aus. Sie band mir etwas Fell um die Arme und um den Hals, kochte einen Braten und ließ mich Esaus schönstes Hemd anziehen. Ich ging dann zu meinem Vater, der schon schlecht sah, und behauptete, sein Sohn Esau zu sein. Etwas skeptisch war er anfangs schon. Nachdem er aber meine »behaarten« Arme betastet und den typischen Esau-Wald-Geruch in der Nase hatte, glaubte er mir und segnete mich. Ihr könnt euch vorstellen, dass mein Bruder stinksauer war, als er zurückkehrte. Er hasste mich so sehr, dass er mich töten wollte. Mir blieb nichts anderes übrig, als die Flucht zu ergreifen.

Unterwegs hatte ich einen Traum. Ich sah eine große Treppe, auf der Engel hinauf- und hinuntergingen. Und dann hörte ich Gott zu mir sprechen: »Ich bleibe bei dir, auch wenn du in ein fremdes Land gehst«. Da habe ich verstanden: Gott bleibt an meiner Seite, auch wenn ich etwas Schlechtes getan habe. Doch das Heimweh in dem fremden Land wuchs und wuchs. So beschloss ich nach mehreren Jahren wieder in meine Heimat zurückzukehren. Natürlich war mir angst und bange bei dem Gedanken, Esau zu begegnen. Würde er mich töten? Könnten wir uns eventuell versöhnen? Von ganzem Herzen betete ich zu Gott: »Bitte verzeih mir alles, was ich meinem Vater und meinem Bruder angetan habe. Eröffne uns einen Weg der Verständigung, damit unsere Familie wieder Frieden findet.«

Um Esau versöhnlich zu stimmen, schickte ich einen Boten mit vielen Schafen, Ziegen und Eseln als Geschenk. Die Boten sollten ihm von meinem Wunsch berichten, dass wieder Frieden herrschen möge zwischen ihm und mir. Und dann passierte es tatsächlich: Mein Bruder ritt mir entgegen, so schnell er nur konnte. Wir liefen aufeinander zu, umarmten uns und konnten den langen und schlimmen Geschwisterstreit endlich begraben. Wir wollten wieder zusammen in einem Land leben und füreinander da sein. Ein neuer Anfang wurde uns geschenkt – Gott sei Dank!

Jakobus (frei erzählt nach Apostelgeschichte 1, Galater 1, Matthäus 13 und Markus 6)

Ich war der leibliche Bruder Jesu. Ihr wisst es ja hoffentlich: Jesus war kein Einzelkind. Nun glaubte ich lange nicht an meinen Bruder, muss zu meiner Entschuldigung aber sagen: Unsere ganze Familie war da eher skeptisch. Was würdet ihr denn denken, wenn einer aus eurem Familienkreis sich plötzlich ganz eigenartig benimmt, weil er der Überzeugung ist, Gott habe ihn gesandt? Erst nach seiner Auferstehung, als er sich auch mir zeigte, begriff ich, dass er sich all das nicht nur eingebildet hatte, sondern dass Gott tatsächlich in einzigartiger Weise mit ihm verbunden war.

Später gehörte ich mit Petrus und Johannes zum Leitungsgremium der Jerusalemer Urgemeinde. Am Ende stand ich sogar ganz allein an der Spitze der Jerusalemer Gemeinde.

Ich will euch heute von einer Entscheidung erzählen, die mir viel abverlangt hat. Dazu muss ich aber eines vorausschicken, weil das für euch nicht mehr so selbstverständlich ist: Wir waren jesusgläubige Juden. Ein Christentum als eigene Religion gab es damals noch gar nicht. Wir sahen in Jesus den von Gott gesandten Messias, der uns das Geheimnis unserer jüdischen Existenz nur noch tiefer erschloss. Klar, viele unserer jüdischen Glaubensgenossen sahen das anders. Aber so war es ja schon immer: zwei Juden, drei Meinungen.

Nun mussten wir in Jerusalem eine sehr schwere Entscheidung treffen, und das kam so: Nichtjuden begannen an Jesus zu glauben, und plötzlich stand zur Debatte, ob das eigentlich gehe. Müssen diese christusgläubigen Heiden nicht zuerst Juden werden und alle jüdischen Gesetze halten, wenn sie zu Gottes Volk gehören wollen? Die einen sagten: »Ja, diese unreinen Heiden müssen ihre ganze heidnische Unreinheit ablegen und Juden werden. Erst dann können sie auch an Jesus glauben.« Das waren sozusagen die »Konservativen«. Die anderen sagten: »Reicht es nicht, wenn sie an Jesus glauben? Dann sind sie doch automatisch rein, dann glauben sie an den Gott Israels und gehören zu Gott, egal, ob sie Juden sind oder nicht. Sie sollen ruhig auf ihre eigene Weise an Gott glauben.« Das waren die eher »Liberalen«.

Was haben wir in dieser schwierigen Situation gemacht? Wir haben uns auf einen Prozess eingelassen. Jeder sollte in einer Versammlung sagen dürfen, was er denkt, aber auch auf die anderen hören. Gleichzeitig haben wir uns immer wieder an den biblischen Berichten orientiert. Wir haben aber auch die Wirklichkeit aufmerksam betrachtet und überlegt, wo wir da Gottes Wirken wahrnehmen können. Außerdem haben wir oft geschwiegen, wenn wir nicht weiterwussten, bis Gott uns neue Impulse geschenkt hat. In diesem anspruchsvollen Prozess dämmerte uns langsam: Gott selbst hat bereits die Grenzen des jüdischen Volkes überschritten, wenn er Heiden zum Glauben an Jesus gerufen und ihnen seinen Heiligen Geist gegeben hat. Deshalb müssen wir ihm folgen. Es ist sein Wille, dass Nichtjuden an Jesus glauben, auf ihre Weise, ohne dass sie zuerst Juden werden müssen. Aber wir wollen auch die jüdische Art des Glaubens achten und die Heidenchristen um ein paar Verhaltensregeln bitten, damit jesusgläubige Juden mit ihnen ohne schlechtes Gewissen Gemeinschaft haben können.

Warum erzähle ich euch das? Ich erzähle es, weil uns die Bibel auf viele aktuelle Fragen keine klaren Antworten gibt. Wir müssen solche Antworten selbst finden, indem wir uns im Vertrauen auf Gott auf gemeinsame Prozesse einlassen. So will Gott uns neue Horizonte erschließen.

Johannes (frei erzählt nach Johannes 13,19–21)

Ich bin der Jünger, den Jesus besonders liebte, der an seiner Seite lag beim letzten Abendmahl und der als einziger mit den Frauen unterm Kreuz ausharrte.

Nun weiß ich nicht, wie die Szenen, die im Johannesevangelium von mir erzählt werden, auf euch wirken. Manche würden fragen: War der schwul, so wie er da beim letzten Abendmahl an der Seite Jesu liegt? Andere würden mich für einen Softi halten. Wiederum andere vielleicht für einen Mystiker. Wer war ich wirklich?

Eines stimmt in jedem Fall: Ich war ein sensibler Typ. Ich gehörte in meiner Jugend nicht zu den Jungs, die dauernd mit ihren Heldentaten prahlten und für die das Kräftemessen das Wichtigste war. Mir war dieses ganze Machogehabe schon immer zu blöd und zu oberflächlich. Ich wollte mehr. Ich wollte den Dingen und den Menschen auf den Grund gehen. Mich hat vieles bewegt und berührt, was andere eher kalt ließ. Ja, wenn ihr so wollt: Ich war eine empfindsame Seele.

Deshalb war ich auch so glücklich, als ich Jesus getroffen habe. Denn er war anders als die meisten Männer, die ich kannte. Obwohl er kein Weichei war, obwohl er Ecken und Kanten hatte und auch heftig streiten konnte, war er gleichzeitig sehr empfindsam und empathisch. Jedenfalls konnte ich ihm sagen, was mich im Innersten bewegt. Er hat das nicht ins Lächerliche gezogen, sondern ernst genommen. In seiner Gegenwart konnte ich sogar weinen. Er hat mich durchschaut, aber nicht auf unangenehme Weise. Er war immer absolut ermutigend.

Und was die Mystik angeht: Ja, ich habe von Anfang an gespürt, dass er anders war, dass er aus einer inneren Quelle schöpfte, dass er ein Sehender war, einer, der aus der göttlichen Tiefe heraus gelebt und gewirkt hat. Er hatte etwas an und in sich, das man nicht erklären kann. Er war wie eine Laterne, durch die uns das göttliche Licht entgegen strahlt. Nicht alle haben das so wahrgenommen, aber wer Augen hatte zu sehen und Ohren zu hören, der konnte es spüren. So nebenbei: Ich glaube übrigens nicht, dass Jesus mich mehr geliebt hat als die anderen. Aber eines stimmt schon: Er hat sich mir in besonderer Weise anvertraut. Er wusste, dass er das konnte, weil er wusste, dass ich manches verstehe, was für die anderen, die ihm folgten, noch völlig unverständlich war.

Der größte Tiefpunkt meines Lebens war seine Kreuzigung. Ich habe genauso wenig wie Petrus und die anderen verstanden, warum das so kommen musste. Aber im Unterschied zu ihnen konnte ich eines nicht, trotz aller Angst vor Verhaftung: ihn dort allein hängen lassen. Ich musste in seiner Nähe bleiben. So wie die Frauen! Ich suchte seinen Blick und er den meinen, und als er dann zu Maria sagte: »Das ist dein Sohn.« Und zu mir: »Das ist deine Mutter«. Da bin ich in Tränen ausgebrochen und habe Maria umarmt. Nie hatte mir jemand tiefer vertraut. Es war unglaublich.

Trotzdem war ich todtraurig, müde, enttäuscht, als er seinen letzten Atemzug tat. Vielleicht war da noch ein Funken Hoffnung in mir, aber mehr als ein Glimmen war es gewiss nicht. Tot ist tot! Dann jedoch, am ersten Tag der Woche, als wir vor dem weggerollten Stein standen und ins leere Grab blickten, da durchzuckte es mich wie ein Blitz: Er lebt! Er lebt durch Gott und in Gott. Gott hat ihn auferweckt, dass er das Herz aller erleuchte, die sich nach Gott sehnen.

Hat er es nicht gesagt, als er noch unter uns lebte? »Und wer mich sieht, der sieht den, der mich gesandt hat. Ich bin als Licht in die Welt gekommen, auf dass, wer an mich glaubt, nicht in der Finsternis bleibe.« (Johannes 12,45–46)

Literatur und Hinweise

Heinrich Bedford-Strohm (Hg.): Die Personen der Bibel. Sonntagsblatt-Edition. München 2016.
Andreas Ebert/Gregor Moser (Hg.): Männergebete. Männer 2015.
Irmintraud F. Eckard: Gönne dir ein Verweilen. Werk- und Impulsbuch Spiritualität. Gütersloh 2002.
Anselm Grün: Kämpfen und Lieben. Wie Männer zu sich selbst finden. Münsterschwarzach 2003.
Robert Moore/Douglas Gilette/Thomas Poppe: König, Krieger, Magier, Liebhaber. Die Stärken des Mannes. München 1992.
Peter Müller: Meine Sehnsucht bekommt Füße. Ein spiritueller Pilgerführer. München 2009.
Richard Rohr: Masken des Maskulinen. München 1998.
Gottfried Schille: Die dich rühmen, haben ihren Tag gewonnen. Psalm-Nachdichtungen. VELKD 2005. Im Internet als PDF: https://www.google.com/search?client=firefox-b-d&q=Gottfried+Schille+Die+dich+r%C3%BChmen+%BChmen (Zugriff am 2.5.2019).

Download-Material zu den Liedern: www.vandenhoeck-ruprecht-verlage.com/Maennersachen (Code: 468*!Yqv)

Um über persönliche Themen ins Gespräch zu kommen, kann man die Impulskarten nutzen, die im Verlag Don Bosco Medien erschienen sind. Sie eignen sich für Gespräche, aber auch für Meditationen und tragen Titel wie »Gottesbilder« oder »Achtsamkeit«. Fotokarten, beidseitig bedruckt mit methodischen Hinweisen.

Günter Kusch, Pfarrer, ist Referent für Männerarbeit des forums männer im Amt für Gemeindedienst (afg) der ELKB in Nürnberg und Geschäftsführer der Evangelischen Männerarbeit in Bayern.

13 Ein Hauch von Adrenalin – Mountainbiken mit spirituellen Stopps

Günter Kusch und Benedikt Herzog

»Bike With God« verbindet Mountainbiken mit Pilgerelementen.

»Jetzt üben wir den positiven Blick«, ermuntert uns der Erlebnispädagoge und zeigt auf den vor uns liegenden Trail. Der Einstieg ist ziemlich steil. Schotter und Kieselsteine liegen auf dem engen Weg, der sich Richtung Tal hinabschlängelt. »Statt wie gebannt auf eventuelle Gefahren zu starren, konzentriert euch auf die angenehmen Seiten der Abfahrt«, fügt der Erlebnispädagoge hinzu. Die Landschaft, die saftigen Wiesen, den Abschnitt hinter den Hindernissen. Um nicht in Panik zu geraten, helfe es, sich Mut zuzusprechen: »Stein, du bist kein unüberwindbares Hindernis« oder »Wurzel, du machst mir keine Angst!«

So ganz verschwindet die Furcht dann aber doch nicht. Einige der Männer schieben ihr Bike lieber ein Stück nach unten und steigen an einer flacheren Stelle ein. Auch das gehört an diesem Wochenende zu den »Lerninhalten«: die eigenen Grenzen erkennen und auch einmal »Nein« sagen zu können. Im Beruf, im Freundeskreis, aber auch in der Familie herrschen oft noch die alten Rollenbilder vor. Schwäche zeigen, Angst zugeben, umdrehen und einen leichteren Weg wählen – dies alles gehört für viele Männer noch immer nicht zum ganz normalen Alltag. Ein Indianer kennt keinen Schmerz!? Echte Männer schon …

»Bike With God«, so lautet das Angebot, das die Evangelische Männerarbeit in Bayern und das Evangelische Bildungs- und Tagungszentrum Pappenheim an diesem Wochenende anbieten. Angereist sind zwölf Männer, zwischen 25 und 65 Jahren alt – angezogen von einer ungewöhnlichen Mischung aus Abenteuer, Sport und Spiritualität. Über Stock und Stein, aber mit spirituellen Stopps, bei denen religiöse und weltliche Themen eine enge Bindung eingehen. Auf der einen Seite Tipps für sicheres Fahren (und Bremsen), auf der anderen Seite Inspirationen für ein geistliches Leben – werden sich Männer darauf einlassen, so fragten wir uns, die wir das Konzept gemeinsam entwickelten.

»Immer ruhig und langsam«, ermahnt der Erlebnispädagoge während der ersten Tour am Samstag. »Bei der Abfahrt das Gesäß nach hinten«, auf keinen Fall ruckartig bremsen oder nach vorne absteigen, fügt er hinzu. Er hat so manchen Sturz miterlebt. Deshalb lässt er die Gruppe unterwegs immer wieder Kurven oder Schlangenlinien fahren, damit sich ein echtes Bike-Gefühl entwickelt. »Sattelstütze nach unten, Fußstellung parallel, Standbein nach vorne, sonst ist der Überschlag über den Lenker vorprogrammiert«, warnt der Fachmann. Einer der Teilnehmer macht diese Erfahrung dann tatsächlich am eigenen Leib – Gott sei Dank ohne größere Blessuren.

»Gott sei Dank« – an diesem Wochenende bleibt das kein frommer Spruch, sondern wird zum durchgehenden Thema. Die Strecke führt uns knapp 70 Kilometer lang an unsere persönlichen Grenzen. (Von Pappenheim nach Eichstätt und wieder zurück.) Und darin sind sich Altmühltal und Leben ähnlich: Die Wege des Herrn schlängeln sich nicht immer nur auf ebener Strecke. Das stete Auf und Ab schlaucht, insgesamt sind 450 Höhenmeter zu überwinden – gut, dass wir zwei E-Bikes mitgenommen haben. Während der erste Teil entlang des Ökumenischen Pilgerwanderwegs führt, geht es später über den gemütlicheren Altmühltag-Radweg zurück ins Tagungshaus. An unterschiedlichen Stationen halten wir, um Wasser zu trinken und auch geistlich aufzutanken.

Erster Stopp unserer Tour ist die St. Galluskirche in Pappenheim, eines der ältesten Gotteshäuser Süddeutschlands. Themen wie »Gemeinschaft«, »Auf dem Weg sein« und »Rücksicht nehmen«, aber auch ein Reisesegen geben uns Kraft für die erste Etappe. Später lädt eine Kapelle zur Andacht ein. (Ihr Name, »Schneckenhaus Gottes«, inspiriert, über eigene Schneckenhäuser nachzudenken, in die wir uns manchmal zurückziehen.) Weiter geht es zu den Sezzi Loci, dem historischen Treffpunkt der angelsächsischen Missionare Willibald, Wunibald und Sola – wir sind am höchsten Punkt unserer Tour angelangt. Drei grob belassene Jurablöcke, halbkreisig angeordnet, symbolisieren die angelsächsischen Glaubensboten und lassen christliche Geschichte lebendig werden. Der passende Ort, um das Friedensgebet des Franz von Assisi zu sprechen, bevor es zur nächsten Etappe ins katholische Eichstätt geht.

Später als geplant kommen wir dort an. Historische Gebäude und moderne Einflüsse der Architektur, Bischofs- und Universitätssitz – unter geistlicher Herrschaft entstanden prachtvolle Klöster und reich ausgeschmückte Kirchen.

Zurück nach Pappenheim geht es auf dem etwas leichter zu bewältigenden Altmühltal-Radweg. Ein Steinbruch in Dollnstein bietet die Gelegenheit für einen weiteren Impuls. Die Männer suchen einen Stein, der ihrer derzeitigen Lebenssituation entspricht. Was trage ich derzeit mit mir herum? Wie könnte ich mich von dieser Last befreien. Während der nächsten fünf Minuten auf den Bikes denkt jeder in der Stille darüber nach. Bei einem weiteren Stopp können sie ihre Last, das Bedrückende und Schwere bei einem Kreuz niederlegen. Ein Segenswort begleitet sie bis zum nächsten Stopp.

Die letzten Kilometer werden immer zäher. Jeder der zwölf Männer ist mittlerweile an die eigenen Grenzen gegangen. Es wird weniger gesprochen, man ist bei sich und dem Weg, in stiller Gemeinschaft. Wir erreichen eine Brücke, etwa zehn Kilometer vom Tagesziel entfernt. Ein letzter Moment der Inspiration, das Wort »Verbundenheit« schlägt eine Brücke zwischen Mannschaft und dem, was höher ist als alle menschliche Vernunft. Grenzen überwinden und dabei verbunden sein, neue Herausforderungen angehen können – die Männer haben das an diesem Tag erlebt. »Ist es im Glauben nicht genauso?«, fragt einer der Teilnehmer. Mit Gottes Hilfe Grenzen überwinden und aus der Verbundenheit mit ihm neue Kraft schöpfen ...

Kraft braucht es jetzt noch einmal für den Endspurt. Unser Begleiter »peitscht« die Männer an. »Den Zimmerer Berg schaffen wir auch noch«, meint er und tritt in die Pedale. Es wird noch einmal durchgeschnauft, um dann hinab zum Bildungszentrum zu gelangen – über Stock und Stein und völlig ausgepowert.

Am nächsten Morgen, alles schmerzt, kostet es zuerst Überwindung, wieder in den Sattel zu steigen. Doch nach den ersten Aufwärm- und Fahrtechnikübungen wächst auch der Eifer. Vom Pappenheimer Steinbruchgebiet geht es nach Solnhofen zur so genannten Teufelskanzel – die Aussicht auf die bemerkenswerte Felsformation der zwölf Apostel bei Eßlingen lässt die Frage aufkommen, wie man oder Mann eigentlich zum Apostel wird. Was heißt es, Botschafter der guten Botschaft Gottes zu sein? »Für mich bedeutet das, über eigene Erfahrungen authentisch zu erzählen, mit anderen über himmlische Momente im eigenen Leben zu diskutieren«, meint einer der Teilnehmer.

Der Abschluss der Tagestour findet dann in der Weidenkirche statt. Mit dem Bau dieser Naturkirche verwirklichte sich die Evangelische Jugend in Bayern 2007 ihre Vision von einer Kirche, die wächst, sich verändert und offen ist. Die 30 Meter lange Kirche besteht vor allem aus dem Naturmaterial Weiden und bietet 200 Personen Platz. Heute steht ein abmontiertes Vorderrad eines Mountainbikes am Altar. Die Männer beschriften Zettel mit persönlichen

Bitten und Wünschen und heften sie ans Rad. Ich (B. H.) nehme das Symbol des Rades auf: »Es dreht sich immer weiter, es steht für Dauer und Schutz, es erinnert an Jesu Worte im Johannesevangelium: ›Ich bin der Weg, die Wahrheit und das Leben – niemand kommt zum Vater denn durch mich‹«.

Das Feedback in der Abschlussrunde fällt überaus positiv aus: »Mir tat es gut, in die Natur eingebunden zu sein«, sagt ein 25-Jähriger. Die körperliche Herausforderung, das Miteinander in der Gruppe, Glaubende, die an ihre Grenzen gehen, und Gott, der uns an den Grenzen des Lebens Mut macht und uns bestärkt. Ein anderer bringt es auf den Punkt: »Unser positiver Blick wurde in diesen Tagen geschärft – in Lebens- und Glaubensfragen!«

Zehn Tipps zur Umsetzung

1. Radfahren und Mountainbiken gehören aktuell zu den Trend-Sportarten. Die Verbindung von Biken und Pilgern ist eine Variante, die besonders Männer anspricht: an die eigene Grenze gehen, die Verbindung von Natur und Spiritualität, durchs Tun ins Reden kommen – unser Wochenende zeigt, dass dieser Ansatzpunkt sogar Jung und Alt miteinander verbindet.
2. Man sollte sich mindestens ein ganzes Wochenende Zeit nehmen. Am Freitag geht es ums Kennenlernen der Gruppe, um die Auswahl des richtigen Rads und um die Vorbereitung für die Touren am Samstag und Sonntag. Erste Trainingseinheiten mit Fahrübungen, Bremstests und der richtigen Kleidung dienen der Einstimmung.
3. Gut ist eine Gruppe von 8 bis 12 Teilnehmern. Zwei E-Bikes sorgen dafür, dass nicht so geübte Männer beim Tempo der Gruppe mithalten können. Ein wenig »Erholung« und zwischendurch neue Kraft zu schöpfen, tut jedem gut.
4. Ein vertretbares Maß pro Tag sind 40 bis 70 km (abhängig von den Höhenmetern) und eine Durchschnittsgeschwindigkeit in der Ebene von 15 km/h.
5. Wichtig ist es, für die Touren eine Wasserflasche, Proviant, Ersatzschlauch und ein kleines Reparaturset mit sich zu führen. Schon am Freitag kann erklärt werden, wie man einen Reifen

wechselt oder eine Bremse nachzieht. Je nach Wetterlage sollte man an Regenjacke oder Sonnenschutz, zweite Fleecejacke oder Badehose denken.

6. Die Regel lautet: Der schwächste Mitfahrer gibt das Tempo vor. Falls die Kondition der Fahrer zu unterschiedlich ist, können auch zwei Leistungsgruppen gebildet werden, die sich an bestimmten Orten wieder treffen (Besichtigung einer Kirche, Andacht am Weg, Abschlusseinheit).
7. Für die Touren sollte man einen erfahrenen Anleiter vor Ort buchen, der die Strecken kennt, beim Reparieren der Räder hilft und zur Not eine Pannenhilfe ruft.
8. Für die spirituellen Impulse unterwegs ist es sinnvoll, die Strecken zuvor abzufahren. So findet man Orte, die sich für Symbolandachten oder meditative Stopps eignen. Ein begehbares Labyrinth, eine Sonnenuhr, ein Steinbruch, eine Brücke, eine Kapelle, ein gefällter Baum oder ein Ruheplatz für eine Körperübung.
9. Wer nicht das ganze Wochenende Zeit hat, kann auch eine Mountainbike-Pilger-Tagestour anbieten, zum Beispiel im Anschluss an einen Familiengottesdienst oder als Gemeinde-Männer-Tour am Männersonntag im Oktober. Ein Schnuppertag eignet sich auch für Männertreffs.
10. Es gibt nicht nur den Jakobsweg, sondern auch andere ausgebaute Radwege, die sich lohnen. Mit dem »Simultankirchen-Radweg« (www.simultankirchenradweg.de), der zu rund 40 Kirchen in der Oberpfalz führt, dem »Bodensee-Königsee Radweg« oder dem »Panoramaweg Isar-Inn« stehen in Bayern beispielsweise rund 10.000 Kilometer Radwanderrouten zur Verfügung, die entdeckt werden wollen. Und darüber hinaus? Der »Mönchsweg« von Bremen bis Fehmarn folgt zum Beispiel 1000 Kilometer lang den Spuren der Mönche, die das Christentum im Mittelalter in den Norden brachten.

Mit dem Fahrrad auf dem Jakobsweg unterwegs – Tipps

Die Erfahrung lehrt, dass ausgeschilderte Jakobspilgerwege nicht immer für Radpilger geeignet sind. Für das Fahrrad sind kleine, verkehrsarme Straßen und Wirtschaftswege oft geeigneter. Mancherorts sind Straßen den historischen Pilgerwegen näher als die Jakobswanderwege. Die mittelalterlichen Jakobspilger folgten oft stark frequentierten Handelsrouten, die im Laufe der Jahrhunderte zu Hauptstraßen ausgebaut wurden – in Spanien sogar zu Autobahnen. Auf den offiziellen Jakobswegen gibt es einige Abschnitte, auf denen sich die Fußpilger über geteerte Straßen quälen müssen, weil die Muschelmarkierung auf Straßen verläuft – ein Albtraum für die Fußsohlen!

Wichtig ist, dass Radpilgerwege und Fußpilgerwege an markanten Orten des Jakobsweges, an Kirchen, Kapellen oder Herbergen zusammentreffen. So kommen sich Fußpilger und Radpilger am Abend nah und am Tag nicht in die Quere. Unterwegs gibt es sehr schöne Begegnungen und Gemeinschaft mit anderen Radlern aus aller Welt auf dem Jakobsweg. Da die gewählten Straßen oft wenig Verkehr haben, kann man auch gut während der Fahrt miteinander reden.

Impulse aus der Praxis

Gebet für Mountainbike-Pilgernde

Möge der Wind dir den Rücken stärken.
Möge – nach dem Schauer – die Sonne die Tropfen auf deinem Gesicht trocknen.
Mögen deine Lungen voll Luft und deine Beine voll Kraft bleiben.
Möge dein Sattel dich tragen wie eine Sänfte und deine Arme stark bleiben am Lenker.
Möge Gott dich schützen vor Unfall und Gefahr, die auf deinem Weg lauern.
So bewahre dich der Ewige, der Vater, der Sohn und der Heilige Geist. Amen.
(Benedikt Herzog)

Pilgersegen

Im Namen unseres Herrn Jesus Christus.
Mögest du an dein Ziel gelangen.
Und nachdem du deinen Weg vollendet hast,
körperlich und geistig gesund zurückkehren.
(Pilgersegen Abtei Sain-Cugot, Vallés, Frankreich)

Impulse zum Symbol »Quelle«
(Max Bergdolt, Erlebnispädagoge)

- Der Weg war durchaus schwierig und vielleicht sind einige von uns auch durstig oder fühlen sich nach der Fahrt sogar etwas ausgedörrt.
- Das Wasser des Brunnens kann erfrischen.
- Gott spricht: »Ich will dem Durstigen geben von der Quelle des lebendigen Wassers umsonst.« (Offenbarung 21,6)
- Wasser haben wir im normalen Leben genug, doch welche Quellen bewahren uns vor dem Austrocknen?
- Jeder kennt es, in der Arbeit ist es stressig, viele Dinge geraten durch den Alltagsstress in Vergessenheit, man fühlt sich leer und antriebslos.
- Ein Geschäftsmann schrieb einmal, dass er erst im Hospiz bemerkte, was er im Leben verpasst hat. Für ihn ging es immer nur um das Geschäft. Noch eine Filiale und noch mehr Arbeit. Am Ende stellte er traurig fest: »Meine Kinder habe ich kaum gesehen und meiner Familie bin ich kaum begegnet.«
- Der Theologe Eugen Drewermann schrieb: »Wie viel Schönheit wird überlagert durch all das, was wir glauben an Pflichten erledigen zu müssen! Wie viel von der Zauberkraft unseres Herzens geht zugrunde an all dem Gestampfe, Gerenne, Getrete und Gelaufe in unserem Leben, am Platzbehaupten, Hinterherlaufen …« (Drewermann 2011/2012; zitiert nach Bassler 2012).
- Wäre es nicht möglich, es reifte das, was wir sind, in unserer Tiefe, und wir könnten's gar nicht erklügeln, nicht beschließen, es wäre nur einfach da?
- Füllt nun eure Trinkflaschen auf und macht euch dabei die Quellen bewusst, welche euch im Alltag Kraft verleihen und dafür sorgen, dass ihr nicht austrocknet.
- Nehmt einen Schluck vom Wasser für jede Quelle, die euch in eurem Alltag Kraft verleiht. Trinkt so viel, bis ihr euch erfrischt habt und euch durstlos fühlt.

Impulse zum Symbol »Fluss«
(Max Bergdolt, Erlebnispädagoge)
- Wir sind seit Eichstätt dem Verlauf der *Altmühl* gefolgt. (Alternativ: Wir sind dem Verlauf des Flusses/Bachs XY gefolgt.)
- Ein Fluss symbolisiert das Leben. Er entspringt und hat einen Anfang. Es gibt Gabelungen oder Lebenslinien laufen zusammen. Mitunter plätschert der Fluss nur so vor sich hin. An einigen Stellen geht es unruhig und hektisch zu. Schnell hat jeder Fluss einmal ein Ende.
- Unser Fluss entspringt nahe *Rothenburg ob der Tauber* und mündet schließlich in der *Donau*. Auf diesem Weg muss die *Altmühl* einige Schwierigkeiten überwinden, sie fließt jedoch unbeirrt weiter.
- In den Kalkstein hat sie mittlerweile sogar ein tiefes Tal gegraben, das wir gerade vor uns sehen.
- Schwierigkeiten, Erschwernisse, Gabelungen, Umwege – wie ist das bei uns Männern? Machen wir trotzdem einfach weiter? Ohne Rücksicht auf Verluste? Bei unserer Tour heute hat uns die Gemeinschaft geholfen, durchzuhalten. Wir hatten ein gemeinsames Ziel und befanden uns auf demselben Weg. Wir haben uns gegenseitig unterstützt und sind jetzt auch schon fast wieder am Ziel dieses Tages angekommen. Gemeinsam sind wir stark.
- Die Gemeinschaft, das Miteinander, die Achtsamkeit, die Rücksicht, der Blick in den Rückspiegel, der Schutzhelm, der Glaube – was trägt uns im Alltag?

Literatur

Auf der Homepage der Seite www.pilgern-bayern.de gibt es einen Menüpunkt »Radpilgern«: www.pilgern-bayern.de/radpilgern

Infos zum Luther Radpilgerweg von Jürgen Nitz sowie ein Infoflyer können unter www.ebw-weilheim.de heruntergeladen werden. Die Strecke führt von Augsburg nach Wittenberg.

Der Beitrag von BR-Redakteurin Anna Kemmer zum Angebot »Bike With God«: https://www.br.de/nachrichten/kultur/outdoor-und-abenteuer-seelsorge-speziell-fuer-maenner,RQWWqql (Zugriff am 1.6.2019)

Annette Bassler: Einfach da. Kirche im SWR 2012. https://www.kirche-im-swr.de/?page=manuskripte&id=12244 (Zugriff am 1.6.2019).
Gottfried Eder: Mountainbiken Bayerischer Wald. München 2018.
Fritz Fenzl: Der bayerische Jakobsweg: Magische Orte am tausendjährigen Pilgerpfad. Stuttgart 2004.
Stefan Lenz/ Eva-Maria Troidl: Pilgerwanderführer Bayern: ausführliche Infos zum Pilgern und Wallfahrten inkl. dem Jakobsweg in Bayern, vom Bodensee bis Oberfranken. München 2013.
Michael Schnelle: Jakobsweg vom Oberpfälzer Wald zum Bodensee. Welver 2014.
Kay Wewior: Das München-Rom RadReiseBuch. Mit dem Fahrrad von Bayern über Verona und Florenz. Aus der Reihe PaRADise Guide. Norderstedt 2008.

Günter Kusch, Pfarrer, ist Referent für Männerarbeit des forums männer im Amt für Gemeindedienst (afg) der ELKB in Nürnberg und Geschäftsführer der Evangelischen Männerarbeit in Bayern.

Benedikt Herzog, Pfarrer, ist Stellvertretender Leiter des Evangelischen Bildungs- & Tagungszentrums in Pappenheim.

14 »ewigleben« – Sargbauseminar

Günter Kusch

Ein Männerseminar zwischen Sargschreinern und Pläneschmieden.

Eine Sanduhr steht in der Mitte des Stuhlkreises. Die obere Hälfte ist schon fast leer. Ein Teilnehmer des Seminars »ewigleben« meldet sich zu Wort: »Nachdem wir 55 Minuten miteinander im Gespräch waren, müsste der Sand des Stundenglases in fünf Minuten durchgelaufen sein. Lasst uns die verbleibende Zeit doch einmal schweigen.« Der ungewöhnliche Vorschlag findet Zustimmung. Und so sitzen 16 Männer im Gemeindehaus von Segringen einfach nur da und schweigen.

Sich Zeit zu nehmen für die Stille, tut gut. Die Gedanken gehen zurück zu der Wegstrecke, die bewältigt wurde, um hierher zu kommen. Bilder vom Gang über den Friedhof tauchen noch einmal vor dem inneren Auge auf. Die Kreuze, alle gleich gestaltet, erinnern daran, dass alle Menschen gleich sind, wenn es heißt, das letzte Mal Atem zu holen. Der kurze Stopp in der Aussegnungshalle, der anrührende Austausch über persönliche Abschiedserfahrungen. Die Sanduhr als Symbol für die verrinnende Zeit. Fünf Minuten Stille, die uns verbinden – als Gruppe und als Menschen, die unterschiedliche Lebensstationen durchlaufen haben.

Sich Zeit einzuräumen, eröffnet heilsame Räume. Aus ganz Deutschland sind sie gekommen, 16 Männer im Alter zwischen 30 und 81 Jahren, vom Tierarzt bis zum Anwalt und KFZ-Mechaniker, alle mit einem Wunsch: das Leben zu bedenken – wo komme ich her und wie geht es weiter? Die eigene Endlichkeit zu begreifen als Teil des Daseins, aber auch die Jahre in den Blick zu nehmen, die jedem Einzelnen (hoffentlich) noch geschenkt sind.

Die Erfahrungen in der Männerarbeit zeigen: Männer kommen über das gemeinsame Tun ins Reden. Ein Wochenende lang haben sie nun Zeit für heilsame Erfahrungen: Am Samstag werden in der Sargfabrik Särge gezimmert, Stelen gesägt und Kreuze mit Symbolen verziert. Vielfältig sind die künstlerischen Andeutungen, mit denen die christliche Hoffnung auf Auferstehung oder aber auch der Verweis auf ein zu erwartendes Nichts ihren Ausdruck finden.

Der Titel des Seminars »ewigleben« ist bewusst zweideutig: Wir werden nicht ewig leben, und doch gibt es mehr als die irdische Existenz. »Ewigkeit«, was für ein Wort! Für beide Themenfelder ist an diesen Tagen Zeit: für Endlichkeitserfahrung, Krankheit, Enttäuschungen, Verlust von Partnerin oder Partner, Verwandten oder Freunden. Auf der anderen Seite aber auch für all die »himmlischen« Momente, die uns schon im Jetzt bestärken und be-Geist-ern. »Ich möchte am liebsten ewig leben«, meint ein Teilnehmer nach den handwerklichen Mühen in der Sargfabrik. Und fügt hinzu: »Das Leben auskosten mit all seinen Facetten ist doch schön!«

Aber auch die »schweren Kisten« werden geöffnet und besprochen, beim Sägen, Feilen, Schleifen, Verzieren, Bemalen und Fräsen, wenn so richtig die Späne fliegen. Wie ist es, wenn ich sterbe? Werde ich allein sein oder im Kreis der Familie? Kann ich eventuelle Schmerzen ertragen oder flehe ich um Sterbehilfe? Und: Gibt es überhaupt ein Danach?

Am Samstagnachmittag ist Zeit, um Kreuze und Grabstelen aus Eichenholz herzustellen. Die Teilnehmer schmücken ihre Werke mit Zeichnungen, Abbildungen von Labyrinthen oder Gestirnen, mit Tauf-, Konfirmations- oder Trausprüchen und geben ein wenig Einblick in ihr Leben. Sie reflektieren ihre Geschichte und begreifen Biografie mit den Händen. Hinter ihnen liegende Wege werden mit Pinsel und Farbe nachgezeichnet, Zukunft wird symbolisch in Szene gesetzt. Konzentriert vertiefen sich die Männer in ihre Welt, die noch offen ist für Überraschungen. »Dieser Stern ist die Freundin meines Sohnes. Es gibt sie noch nicht, aber ich wünsche es ihm so sehr«, sagt ein 51-Jähriger.

Nach dem Gottesdienst am Sonntag sitzen die Männer noch einmal zusammen und schreiben. Jeder verfasst einen Brief, adressiert an sich selbst: Wie waren diese Tage in Dinkelsbühl? Welche Weichen möchte ich noch stellen? Ein versöhnendes Gespräch mit der Schwester führen? Ein lang anvisiertes Hobby angehen? Was ist dran in den nächsten zwölf Monaten? Ein Ziel wird festgehalten und landet nach einem Jahr wieder in meinem Briefkasten. Was ist daraus geworden, aus den Wünschen und Visionen von heute? Eines ist klar: Nicht immer ist es die Zeit, die alle Wunden heilt. Aber sich Zeit zu nehmen für das Leben, mit all seinen Wundern und Wunden, ist immer heilsam.

Von der Idee zur Umsetzung

Das Seminar »ewigleben« findet erstmals im November 2014 in Dinkelsbühl statt. An dem Wochenende stellen 16 Männer in einer Sargfabrik Särge her, bearbeiten Stelen und verzieren Holzkreuze. Immer vier Männer fertigen einen Sarg an. Wichtig dabei ist nicht, ob sie den Sarg mit nach Hause nehmen können, sondern welche

Voraussetzungen nötig sind, um später einmal einen eigenen Sarg zu bauen. Welche Maße braucht es? Ist ein eigener Sarg eigentlich bei Beerdigungen erlaubt? Während des Tuns kommen die Männer miteinander ins Gespräch über Themen wie »Patientenverfügung«, »christliche Bestattung«, »Was soll in meiner Beerdigungsansprache gesagt werden?« oder »Wie nutze ich die Lebenszeit, die mir noch geschenkt ist?« Nach einem Gottesdienst in der Dinkelsbühler Paulskirche schreiben sie einen Brief an sich selbst, der ihnen ein Jahr später im November 2015 zugeschickt wird. Der Seminarleiter ruft die Teilnehmer an, nachdem sie den Brief erhalten haben. Einige sagen, sie hätten gar nicht mehr an das Schreiben gedacht. Sieben Teilnehmer berichten, dass sie ihr Ziel, vor einem Jahr formuliert, tatsächlich umgesetzt haben. Andere nehmen sich vor, ihr Vorhaben nun endlich anzuvisieren.

Zehn Tipps zur Umsetzung

1. Es muss nicht unbedingt eine Sargbaufabrik sein, mit der man zusammenarbeitet. Auch ein Schreiner vor Ort kann die Männer an diesem Wochenende begleiten und anleiten.
2. Da man nie weiß, was bei den Teilnehmern an Erinnerungen oder Gefühlen hochkommt, ist es sinnvoll, einen psychologisch geschulten Kollegen im Team zu haben. Mitunter reichen die Seelsorge-Erfahrungen von Pfarrern oder Diakonen nicht aus.
3. Mit allen Interessenten sollte ein intensives Gespräch (meist als Telefonat) geführt werden, bevor sie zum Seminar »zugelassen« werden. Psychisch angeschlagenen oder unter Depression und anderen Krankheiten leidenden Männern, die von dem Seminar therapeutische Hilfe erwarten, sollten andere Unterstützungsangebote unterbreitet werden.
4. Es ist sinnvoll, für dieses Seminar ein ganzes Wochenende einzuplanen, um der entstehenden Gruppendynamik genügend Raum zu geben. Die Gruppe sollte in einer gemeinsamen Unterkunft untergebracht sein, damit abends in Gesprächen noch auf Nachklingendes eingegangen werden kann.
5. Das Honorar für einen Schreiner und für zwei Tage beträgt – je nach Verhandlung – zwischen 600 und 1000 Euro. Oft ist die

Benutzung der Werkstatt und der Werkzeuge inkludiert. Gute Pastoralpsychologen, die die Gruppe begleiten, findet man über Gemeindepfarrer, Gemeindeakademien oder im Internet unter: www.pastoralpsychologie.de

6. Als Zeitpunkt des Seminars bietet sich der Ewigkeitssonntag an, da hier die Themen »Sterben«, »Leben« und »Auferstehung« liturgisch mitschwingen.
7. Ein vom gesamten Team (Teilnehmer und Leiter) gehaltener Gottesdienst zum Abschluss des Seminars kann auch ein Dankeschön sein für die Gemeinde, die an diesem Wochenende Übernachtungsmöglichkeiten bietet.
8. Als Einstieg ins Seminar hat sich das Abendessen mit Vorstellungsrunde und dann ein Gang über einen naheliegenden Friedhof bewährt. Dadurch geht man buchstäblich ins Thema hinein.
9. Während des Seminars ist auf genügend Pausen zu achten. Auch das Mittagessen sollte im Vorfeld bereits gebucht bzw. organisiert werden.
10. Als Variante bietet sich ein Seminar an, bei dem tatsächlich der jeweils eigene Sarg hergestellt wird, der dann mit nach Hause genommen wird. Möglich wäre es, eine Einheit mit Angehörigen zu gestalten, um gemeinsam den Sarg mit Texten, Symbolen und Bildern zu gestalten. Diese Form der Sterbensvorbereitung besitzt starken emotionalen Tiefgang und muss seelsorgerlich und psychologisch gut begleitet werden.

Ablauf des Seminars

Freitag

Am Freitagabend treffen sich die 16 Männer und zwei/drei Seminarleiter zum Abendessen. Es gibt eine Vorstellungsrunde und nach dem Essen einen Gang über dem Friedhof. Die Teilnehmer gehen in der Stille über den »Gottesacker« und stellen ein Teelicht an dem Grab ab, dessen Inschrift sie besonders berührt. Nach 30 bis 45 Minuten stillem Gehen und Lesen erzählen sich die Männer im Leichenhaus, welcher Spruch sie angesprochen hat und warum. In der Kirche findet eine kurze Abschlussandacht statt, mit Gebeten, Liedern und einem Segen.

In einem ruhigen Raum des Gasthauses schließt sich dann ein einstündiges Männerpalaver an. Als Impuls für das Gespräch dient das Gedicht »Der Lauf der Zeit – Die Sanduhr«. Eine Sanduhr steht in der Mitte des Stuhlkreises.

Zeit – sie verrinnt unter meinen Händen,
ich kann sie nicht aufhalten,
ich kann das Uhrwerk des Lebens nicht zurückstellen,
unermüdlich laufen die Zahnräder weiter,
ein jedes treibt das andere mit seiner Energie an.

Ewiges Leben – ein Traum vieler Menschen,
doch das Leben ist wie eine Sanduhr,
langsam rieselt der Sand auf den Grund,
bildet Spiralen so vielseitig wie das Leben selbst,
du kannst die Uhr nicht umdrehen, den Sand nicht aufhalten.

Schicksal – wir sind ihm unterworfen,
das Leben bringt viele Zufälle mit sich,
Überraschungen versüßen den Lauf des Lebens,
öffne deine Augen und dein Herz,
und erblicke die Vielfältigkeit eines einzigen Augenblicks.

Nutze deine Chancen und gib nicht auf,
lebe dein Leben, solange du es noch kannst,
zu kostbar ist die Zeit,
zu schnell ist der Sand am Grund angelangt.
Zögere nicht, denn auch dein Uhrwerk steht irgendwann still.
(Verfasser unbekannt[1])

Samstag
Die Männer treffen sich am Eingang der Sargbaufabrik/Schreinerei und lernen ihren Arbeitsplatz und ihr Handwerkszeug kennen. In vier Gruppen mit je vier Männern stellen sie einen Sarg her. In den

---

1 Der Text »Die Zeituhr« ist im Internet zu finden: https://www.chatworld.de/f101/beitrag-29902.html (Zugriff am 1.6.2019)

Pausen gibt es Gesprächsimpulse zum Thema »Ein Sarg entsteht – was entsteht in mir?« oder zu anderen Anliegen, die gerade aktuell und akut sind.

Nachmittags kann man sich für einen der drei Workshops entscheiden:
- Wie stelle ich eine Stele her und wie gestalte ich sie, dass sie zu meinem Leben passt?
- Wie stelle ich ein Grabkreuz her? – Welche Symbole und Worte finden Platz?
- »Schreibe deine eigene Beerdigungsansprache« – Wie ehrlich darf sie sein?

Abends gibt es zwei freiwillige Gruppen, in denen entweder die hergestellten Stelen und Kreuze gezeigt werden oder über die Frage »Nahtoderfahrung – was ist dran?« diskutiert wird. Auch eine Einheit mit einem Mediziner über Patientenverfügungen wäre hier denkbar. Spannend ist eine Art »heißer Stuhl«, eine Methode, bei der ein Bestatter von seiner Arbeit erzählt und ihm Fragen gestellt werden können. Auch ein Besuch bei einem Bestatter wäre möglich.

Sonntag

Am Sonntag (Ewigkeitssonntag) gestalten die Männer den Gottesdienst in der Kirche. Drei Männer zeigen im Rahmen der »Predigt« ihre Kreuze bzw. Stelen und berichten, wie sie diese gestaltet haben und warum.

Nach dem Gottesdienst schreibt jeder einen Brief an sich selbst: »Was nehme ich mir im nächsten Jahr vor? Welche Aufgabe bzw. welches Ziel möchte ich in meinem Leben auf jeden Fall noch angehen?« Sie schreiben ihre Adresse aufs Kuvert, kleben den Brief zu und geben ihn den Seminarleitern.

Die Briefe werden den Männern nach einem Jahr zugeschickt. Einer der Seminarleiter ruft noch einmal an und fragt, wie es ihnen ging, als sie ihre Briefe plötzlich wieder in den Händen hielten. Die Frage dahinter: Welche persönlichen Ziele und Visionen habe ich tatsächlich umgesetzt?

Impuls zur Briefaktion

1973 veröffentlichte Michael Ende ein Buch, das Geschichte schreiben sollte. Sein Märchenroman »Momo« spielt in einer Großstadt in der modernen Zeit. Das kleine Mädchen Momo kämpft gegen eine Übermacht von Zeitdieben, die grauen Herren. Diese Mächte des Bösen rauben den Menschen ihre Lebenszeit und damit die Freude am Leben. Die grauen Herren rechnen den Menschen vor, wie viel Zeit sie sparen könnten, wenn sie angeblich nutzlose Tätigkeiten aus ihrem Leben streichen würden. Und die Menschen? Sie halten sich daran. Sie sparen Zeit, arbeiten schneller und gönnen sich weder Pausen noch Vergnügen. Selbst in ihrer Freizeit kommen sie nicht zur Ruhe. Sie merken gar nicht, wie arm und freudlos ihr Leben geworden ist, weil sie sich weder Zeit für sich noch Zeit für andere nehmen.

Ich kenne solche Zeitdiebe. Die Arbeit, die mich in Beschlag nimmt. Ein Projekt, das unbedingt bis morgen erledigt sein soll. Oder ein Termin, bei dem ich mich und meine Arbeit vor allen präsentieren kann. Ich merke manchmal gar nicht, dass ich keine Zeit mehr für meine beiden Jungs und meine Frau habe. Und, was gerade Männern sehr häufig passiert: Ich vernachlässige meine Freundschaften. Oder Hobbys, früher ausgiebig gepflegt, bleiben plötzlich liegen.

Ich möchte euch zum Abschluss unseres Seminars in Momos Reich der wundersamen Stundenblumen führen und euch bitten, wie Momo einen Blick ins eigene Herz zu wagen: Welche Zeitfresser kenne ich? Wo sind sie bei mir, die eingefrorenen Blumen und Herzenswünsche? Welche Ziele möchte ich mir vornehmen – in der Zeit, die vor mir liegt und mir geschenkt ist? Gibt es einen Freund, den ich längst wieder anrufen könnte? Gibt es ein Hobby, das ich lernen oder nach langer Zeit wieder ausüben möchte? Gibt es einen Streit, der auf Versöhnung wartet?

Ich bitte euch jetzt, diesen Brief zu schreiben, einen Brief an euch selbst. Schreibt ein oder zwei Sätze über unser Seminar, was euch aufgegangen ist oder was ihr erlebt habt. Formuliert dann ein ganz persönliches Ziel, das ihr euch setzt, in den nächsten Wochen, Monaten, im nächsten Jahr. Dann schließt den Brief und adressiert ihn an euch selbst. Gebt ihn dann bei mir ab. Ich werde ihn euch in einem Jahr wieder zuschicken.

Schreibe einen Brief an dich selbst: Was machst du mit der Zeit, die dir noch geschenkt ist? Was nimmst du dir für die nächsten zwölf Monate fest vor? (Versöhnung mit dem Vater, ein längst ersehntes Hobby angehen, eine Reise, ein wichtiges Gespräch …)

Feedback-Runde, letzte Gedanken an die Gruppe: Welche schwere Kiste habe ich bewältigt? Welche trage ich noch mit mir herum? Wie habe ich die Gruppe empfunden? Als Hilfe oder Herausforderung? …

Ansprechpartner

Infos zur Durchführung gibt es bei Pfarrer Günter Kusch, Amt für Gemeindedienst der ELKB in Nürnberg, »forum männer«, Telefon 0911 4316 251, www.maennerarbeit-bayern.de.

Ein Sargbaukurs wird auch in der Nordkirche angeboten: Männerforum der Nordkirche, www.maennerforum-nordkirche.de

Literatur

GEO Wissen Nr. 51, 05/13: Vom guten Umgang mit dem Tod.
Ernst Engelke: Die Wahrheit über das Sterben. Wie wir besser damit umgehen. Hamburg 2015.
Elisabeth Kübler-Ross: Interviews mit Sterbenden. Freiburg i. Br. 2014.
Rüdiger u. Gerda Maschwitz: Spirituelle Sterbebegleitung. Murnau 2013.
Das Vorsorge-Set: Patientenverfügung, Testament. Stiftung Warentest. 2016.

Günter Kusch, Pfarrer, ist Referent für Männerarbeit des forums männer im Amt für Gemeindedienst (afg) der ELKB in Nürnberg und Geschäftsführer der Evangelischen Männerarbeit in Bayern.

15 »Man(n) trifft sich« – Männertreffs

15.1 Orient trifft Okzident – ein christlich-muslimischer Männertreff

Raimund Kirch

Natürlich ginge alles viel leichter, wenn jetzt ein Flaschenöffner kreisen würde und man(n) sich so schön langsam ein Bierchen ins Glas laufen lassen könnte. Der Strudel lässt Schaum kräuseln und zu einer appetitlichen Krone anwachsen. Es prickelt und duftet. Jetzt das Glas heben – ein bewährtes Ritual.

Doch Biertrinker kommen an diesen Abenden nicht auf ihre Kosten. Stattdessen gießt Stefan[1] schon mal Wasser im Samowar auf, schüttet Tee in die Glaskanne. Auch das ist eine Kunst des Brauens, nur dass alles schneller, viel schneller geht als bei der Produktion von Bier.

Bald werden die kleinen türkischen Teegläser auf einem Tablett herumgereicht, Zuckerwürfel dazu, die jeder auf seine Art im Glas verrührt oder in den Mund nimmt, um sie in kleinen Schlucken vom Tee auf der Zunge schmelzen zu lassen. Aha?! Es geht offenbar auch ohne Prost und Anstoßen.

Wir befinden uns im Konferenzzimmer der »Brücke-Köprü«, dem Nürnberger Begegnungszentrum für Christen und Muslime. Einmal im Monat treffen sich hier Männer verschiedener Konfessionen mit Muslimen zum »Diwan«. Wer darunter nur ein Möbelstück, also ein Sofa, versteht, könnte sich an der Formulierung stoßen. Aber ein Diwan ist im osmanisch-arabischen Raum vor allem eine Versammlung. Und in diesem Fall versammeln sich im bunt zusammengewürfelten Stadtteil Gostenhof christliche und muslimische Männer, um Männergespräche zu führen. Etwa darüber, wie es einem nach der Bundestagswahl ergangen war, als plötzlich die islamkritische AfD 12,6 Prozent der Stimmen ergattert hatte. Eine

---

[1] Alle Namen vom Autor geändert.

Partei, die mit Vorurteilen gegen den Islam Wucher treibt und damit auch tatsächlich punkten konnte.

Die zwölf Männer, die an diesem Abend auf Einladung des Brücke-Leiters Thomas Amberg hierher gefunden haben, lassen sich davon nicht beeindrucken. Natürlich bereiten die AfD-Erfolge Bauchgrimmen. Weiß man doch aus der Geschichte, dass unaufgearbeitete Ängste, Neidgefühle und ein Mangel an Information dem Populismus Tür und Tor öffnen können.

Azmi bleibt dennoch gelassen. Der ausgebildete Islamwissenschaftler und Politologe tritt demnächst eine Stelle an einer ostdeutschen Uni an. Was ihn dort erwartet, weiß er noch nicht genau; nur so viel: dass in den neuen Ländern das Misstrauen gegenüber Muslimen noch etwas größer ist als im bundesdeutschen Durchschnitt. Seit der Flüchtlingswelle von 2015 scheint sie sogar kontinuierlich gewachsen zu sein.

Andererseits weiß man auch, dass selbst Musliminnen und Muslime die AfD gewählt haben; weil es sie geärgert habe, dass so viele von ihnen dem Klischee entsprächen. Und wie sieht dieses Klischee aus? Es sei jene Mischung aus Nationalismus und Tradition, die etwa viele Türken zu unreflektierten Anhängern Erdoğans gemacht hätten oder die den Islam als politische Einheit von Staat und Religion sehen möchten.

Diejenigen, die an diesem Abend zur Veranstaltung »Man(n) trifft sich« gekommen sind, entsprechen freilich nicht diesem Klischee. Einer meint sogar, dass kaum ein Unterschied herrsche zwischen »Islamismus und Christianismus«. Es seien die »-ismen«, die radikalisieren und diskriminieren. Und selbstkritisch fügt einer der Muslime hinzu: »Wenn wir uns mehr für Bildung einsetzen und uns anders darstellen würden, hätten wir auch ein anderes Image.«

Kontroversen gibt es anscheinend kaum in dieser Runde. Vielmehr spricht man sich Mut zu. So ist es fast schon rührend, wenn einer der muslimischen Männer dem christlichen Großvater beipflichtet, der bedauert, dass mit ihm der Traditionsbruch vollzogen wurde. Obwohl selbst noch christlich sozialisiert, sei es ihm nicht gelungen, die eigenen Kinder für Kirche und Glauben zu interessieren. Da räumt auch der Gesprächspartner ein, dass er selbst selten in die Moschee gehe. Schulterzuckend meint er, dass man schließlich auch daheim beten könne. Christen seien die Kinder in diesem Sinn ja wohl trotzdem geblieben.

An diesem Abend geht es vor allem um das Verhältnis zwischen Männern und Frauen in westlichen und islamisch geprägten Gesellschaften. Wieder ist der syrische Arzt Abdul dabei, der in der Suchtabteilung einer Erlanger Klinik arbeitet. Erst zwei Jahre in Deutschland, hört er lieber zu. Auch Hakim, der syrische Imam, dessen Gemeinde noch immer auf der Suche nach einem geeigneten Raum für eine Moschee in Nürnberg ist, nimmt regelmäßig teil. Mitglieder seiner Familie sind im zerstörten und geschundenen Aleppo geblieben. Er selbst arbeitet zurzeit an seiner Doktorarbeit. Dort trifft er auch seinen Kollegen Hassan, der Imam der Erlanger Gemeinde ist. Auch er studiert noch. Damit gehören sie zu einer neuen Generation von Geistlichen, die in der deutschen Sprache zu Hause sind und sich im modernen Wissenschaftsbetrieb auskennen.

Kein Zweifel, dass sie damit auch Mittler zwischen zwei Welten sind. Der einen, in denen die Frauen noch das Haus zu hüten haben, verschleiert sind und allein auf Familie und Kindererziehung ausgerichtet sind. In der anderen Welt haben die Frauen einen Beruf, sind oft doppelbelastet durch Familienmanagement und Job. Doch dadurch wächst auch ihr Selbstbewusstsein. Gleichzeitig verändert sich auch die Rolle des Mannes, der in einer funktionierenden Beziehung nicht mehr nur Ernährer und Beschützer ist, sondern Ehemann und Partner.

Frauen, die ihren Lebensunterhalt selbst bestreiten könnten, hätten in der Gesellschaft ein ganz anderes Standing, weil sie dadurch aufgewertet würden, meint Matthias, der es wissen muss. Der gelernte Islamwissenschaftler bringt syrische Schulabsolventen auf das Niveau der dualen Ausbildung. Will heißen, dass aus Syrien zwar viele Fach- und Fachhochschulabsolventen kommen, die jedoch zu wenig praktische Erfahrung haben, wie sie der duale Weg mit seiner Kombination aus Theorie und Praxis in Deutschland voraussetzt.

Dass in konservativen Kreisen das Frauenbild im Islam von den Vorgaben im Koran bestimmt ist, räumt der zum Islam konvertierte Karim durchaus ein. Als intellektueller Kenner des Korans und der heiligen Schriften meint er aber auch, dass es unterschiedliche Interpretationen gibt. Wie es überhaupt Phasen und Epochen in der Geschichte des Islams gegeben hat, in denen Wissenschaft, Kultur und freie Künste weiter entwickelt waren als zur gleichen Zeit im sogenannten »christlichen Abendland«. Schon tut sich ein neues Thema auf. Das aber hat Zeit bis zum nächsten Treffen – meist monatlich an einem Donnerstag um 19.30 Uhr.

Was ist die »Brücke-Köprü«?

Die BRÜCKE ist eine Einrichtung der Evangelisch-Lutherischen Kirche in Bayern im Dekanat Nürnberg. Als »Lernort für interreligiöse Bildung« ist die Einrichtung seit ihren Anfängen 1993 in kontinuierlichem Wandel. Das kleine Dialogzentrum erkundet gemeinsam mit verschiedenen, vor allem muslimischen Partnern die Herausforderungen der religiös-weltanschaulichen Vielfalt für das Zusammenleben in unserer Gesellschaft. Die Arbeit im christlich-muslimischen Team ist getragen von der Überzeugung, dass gelebte Religionen einen Beitrag zum Gelingen des Zusammenlebens in einer säkularen Gesellschaft leisten können. In ihren Räumen in Gostenhof und in Kooperation mit verschiedenen Religionsgemeinschaften begleitet die BRÜCKE interreligiöses Lernen in persönlichen Begegnungen. Gemeint ist dabei Lernen in doppelter Hinsicht: die konkrete Begegnung lässt andere Religionen besser und jenseits von Vorurteilen verstehen. Gleichzeitig liegt darin die Chance, auch die eigene (religiöse) Identität besser zu verstehen und mit Blick auf den eigenen Glauben oder die eigene Weltanschauung sprachfähiger zu werden.

10 Tipps zur Umsetzung

1. Interreligiöse Männerarbeit lebt von persönlichen Beziehungen. Statt Flyern und Plakaten als Werbemaßnahmen heißt es also zunächst Besuche machen, ob in der Moschee oder im Übergangswohnheim, Teetrinken und Vertrauen aufbauen. Vielleicht gewinnen Sie ja sogar muslimische Arbeitskollegen, den örtlichen Imam oder einen Moscheevorstand als Partner für Ihr Projekt, der gemeinsam mit Ihnen plant und einlädt. Das kommt gut!
2. Kulturelle Eigenheiten wahrnehmen! Beziehung wächst aus dem Gefühl der Wertschätzung: Ein herkömmlicher Männertreff, der

mit Bier und Brotzeit beginnt, ist für die Erstbegegnung mit muslimischen Männern eher nicht das passende Einstiegsformat. Wer auf Alkohol und Schweinefleisch verzichtet und stattdessen Tee und Pide serviert, schafft auf diese Weise (zumindest in der Kennenlernphase) eine Atmosphäre des Entgegenkommens.

3. »Ihr kommt doch heute?« Männer aus einem orientalischen Kulturhintergrund haben mitunter ein anderes Verhältnis zu Planbarkeit von Zeit. Da mag es also sinnvoll sein, auf deutsche Weise einen Jahresplan für mögliche Termine zu machen. Erfolgversprechend ist es, auf Nummer sicher zu gehen und (vielleicht über eine WhatsApp-Gruppe) am Tag eines Treffens noch einmal in die Runde zu fragen: »Ihr kommt doch heute?«

4. Sprachprobleme überbrücken: Gerade in der Arbeit mit Geflüchteten ist es ganz zentral, sprachliche Hürden zu überwinden. Warum nicht eine Einladung zum Interreligiösen Männertreff mehrsprachig (deutsch, arabisch und persisch) formulieren und auch dazu einladen, solche Treffen dazu zu nutzen, aktiv Deutsch zu sprechen. Genau an solchen Möglichkeiten mangelt es nämlich vielen Geflüchteten.

5. Religiöse Feste als Erzählräume: Warum nicht ein gemeinsames Fastenbrechen veranstalten oder eine interreligiöse Adventsfeier veranstalten? Religiöse Feste sind eine wunderbare Gelegenheit, um niederschwellig ins Gespräch über religiöse Traditionen und Bräuche zu kommen. Die Geschichte von der Geburt Jesu etwa baut ebenso eine Brücke zwischen den Religionen wie jene von Hagar und Ismael, die sich Muslime zur Hadj erzählen.

6. Essen hält Leib und Seele zusammen: Das gilt für uns Mannsbilder aus allen Kulturen. Warum nicht für ein Treffen dazu einladen, dass jeder etwas zum Essen mitbringt? Optimalerweise ergäbe das dann ein buntes kulinarisches Crossover der Kulturen. Vielleicht ergibt sich daraus sogar die Idee, einmal gemeinsam zu kochen oder im Sommer zu grillen (Wasserpfeife inklusive).

7. Raum für Männerthemen: In der Arbeit des Begegnungszentrums BRÜCKE erleben wir vor allem bei geflüchteten Männern aus dem Nahen und Mittleren Osten, dass sie den Austausch mit christlichen Männern auch als Gelegenheit schätzen, über »Männerthemen« ins Gespräch zu kommen: Wie ein reli-

giöses Leben führen angesichts der Säkularität in der deutschen Gesellschaft mit all ihren »Versuchungen«? Christliche Männer können dabei im wahrsten Sinn des Wortes Brückenbauer für muslimische Männer werden.
8. Neugierde auf das »Leben der Anderen«: Es ist spannend in einer interreligiösen Männertruppe etwas vom Leben der anderen zu teilen; großartig, wo es gelingt, einander zuzuhören in dem, was den anderen bewegt. Das kann manchmal auch heißen, nicht auf einen Nenner zu kommen und festzustellen, was uns an Meinungen und Prägungen trennt.
9. Gemeinsam auf Erkundung: Oft bewegen sich christliche und muslimische Männer gerade in ihrer Freizeit in getrennten Räumen: Waren Sie schon einmal in einer Moschee, in einem türkischen Supermarkt oder auf einer arabischen Hochzeit? Anders herum sind manche Orte »deutscher Hochkultur« für Männer aus dem orientalischen Kulturkreis oft »böhmische Dörfer«: ein Besuch in einer Ausstellung oder in kulturellen Einrichtungen. Erkunden Sie gemeinsam Neues!
10. Feste Rituale: Der Männertreff »Diwan« im Begegnungszentrum BRÜCKE beginnt immer mit einer Eröffnungsrunde, die auch den Schüchternen unter uns Raum gibt, etwas Aktuelles über sich selbst zu sagen. Den Abschluss machen wir immer mit einer Minute Schweigen, in die wir alles Gehörte, Erlebte und manchmal heftig Diskutierte legen. Zum Abschluss spricht ein muslimischer Teilnehmender ein islamisches Gebet oder einen Koranvers und die christlichen Teilnehmenden das Vaterunser. Wir merken, das tut uns gut.

Literatur

Bundesamt für Migration und Flüchtlinge (Hg.): »Geschlechterrollen bei Deutschen und Zuwanderern christlicher und muslimischer Religionszugehörigkeit«. Berlin 2014. www.bamf.de/SharedDocs/Anlagen/DE/Publikationen/Forschungsberichte/fb21-geschlechterrollen.pdf?__blob=publicationFile (Zugriff am 1.6.2019).
Verfasst haben diesen Forschungsbericht 21 Inna Becher und Yasemin El-Menouar. Ziel dieser Studie war eine eingehende Untersuchung der Geschlechterrollen bei verschiedenen Personengruppen in Deutschland mit besonderer Berücksichtigung von Personen unterschiedlicher Religionszugehörigkeit

und Herkunft. Dazu wurden im Rahmen einer repräsentativen Befragung unter Muslim*innen und Christ*innen in Deutschland Einstellungen zu Geschlechterrollen sowie gelebte Geschlechterrollen in verschiedenen Lebensbereichen untersucht. Insgesamt wurden über 3.000 Personen befragt, darunter Christ*innen mit Migrationshintergrund aus Italien, Rumänien, Polen sowie solche ohne Migrationshintergrund und Muslim*innen mit Migrationshintergrund aus dem Iran, aus der Türkei, aus Südosteuropa, Südasien, Nordafrika und dem Nahen Osten.

Evangelisch-Lutherische Kirche in Bayern (Hg.): Interreligiöser Dialog. Konzeption der interreligiösen Arbeit. München 2016. https://landessynode.bayern-evangelisch.de/downloads/elkb_konzeption_interreligioeser_dialog_2017.pdf (Zugriff am 1.6.2019).

Raimund Kirch war bis 2016 Chefredakteur der Nürnberger Zeitung. 10 Tipps für die Interreligiöse Männerarbeit von Pfarrer Thomas Amberg vom Interreligiösen Begegnungszentrum BRÜCKE in Nürnberg.

15.2 »Man(n) trifft sich« – endlich auch mal seinen Senf dazugeben

Raimund Kirch

Am Anfang war der Trotz. Weil die Frauen in der Pfarrgemeinde sie freundlich, aber doch auch konsequent von einem Frauenfrühstück ausgeladen haben, gründeten sie ihren Männerstammtisch. Heute schmunzelt man(n) darüber. Und ein bisschen sind sie den Frauen vielleicht sogar dankbar. Denn inzwischen ist der Männer-Themen-Stammtisch der evangelischen und katholischen Kirchengemeinden in Simmelsdorf eine feste Einrichtung.

Rund zehn Mal im Jahr finden zwischen 15 und 40 Leute zueinander, die von Beruf und Herkunft unterschiedlicher nicht sein könnten. Wobei es mitunter um das Intimste geht, über das Männer selten oder gar nicht zu sprechen wagen. Über ihren Glauben, ihr Ringen, im Alltag zu bestehen, und über die klassischen Fragen nach dem Woher und Wohin jedes Einzelnen. Dabei hilft vor allem jenes gute alte Mantra, wonach eine deftige Brotzeit Leib und Seele zusammenhält.

In der Küche des evangelischen Gemeindehauses herrscht an diesem Abend schon eine Dreiviertelstunde vor Beginn der Veranstaltung coole Geschäftigkeit. An diesem Abend gibt es weißen und roten Presssack mit genau der Würze, wie man sie in dieser Gegend liebt; eine deftige grobe Hausmacherstadtwurst, Aufschnitt und Fleischsalat; Käse, Gurken; den Senf nicht zu vergessen.

Um Buße geht es an diesem Abend. Und das zwei Wochen vor Faschingsende. Als Referent eingeladen wurde Jochen S., Prädikant, Vertrauensmann und ein in noch vielen anderen Ehrenämtern tätiger Computerfachmann. Der räumt auch gleich ein, dass es sich hier um eines der marginalisierten Wörter handelt, es sei denn, man spreche von jener (Geld-)Buße, die Polizei und andere Behörden für Zuwiderhandlungen oder Versäumnisse einfordern. Und es stimmt ja auch: Für heute lebende Menschen sind Begriffe wie Reue, Buße und Beichte, Gnade und Rechtfertigung kaum mehr greif- und begreifbar.

Mit dem aktuellen »Diesseitsglauben« kann und will sich der Referent jedoch nicht anfreunden. Vergebung und Versöhnung seien auch heutzutage wichtige Anliegen. Allerdings ohne diese Begriffe mit der mittelalterlichen Höllenangst zu verbinden. Gerade die habe Martin Luther ja den Menschen genommen und ihnen damit die Aussicht auf eine bedingungslose göttliche Gnade vermittelt oder eröffnet. Mit einfachen Worten und vielen Beispielen gelingt es Jochen S., darzulegen, dass man mit Werken, sprich Ablässen, keine Fegefeuerzeiten abtragen muss.

Bei der folgenden Diskussion wird das Thema vertieft. Und: Es gäbe »keine dummen Beiträge«, meint einer der Männer der ersten Stunde. »Hier darf jeder reden, wie ihm der Schnabel gewachsen ist.« Wortkarg oder eloquent, nach Worten ringend oder präzise formulierend – Man(n) versteht sich in diesem Kreis und man akzeptiert sich mit Stärken und Schwächen. In der Gründungsphase des Männerstammtischs vor zehn Jahren hätten sich die »Gründerväter« auch bei anderen Gruppen an unterschiedlichen Orten umgesehen, erzählt er. Die eine bestand aus leitenden Angestellten: »Da war jeder sein eigener Geschäftsführer. Das war eher abschreckend.« Schließlich hätten sie ihr eigenes Format entwickelt – sozusagen der Situation und der Landschaft angepasst.

Die Mischung aus Moderne und Tradition, aus weltlich und geistlich macht den Stammtisch so vital. Mann kennt sich, auch mit seinen Eigenarten. Da lässt sich auch das heikle Thema »Buße« stemmen. In diesem Herbst wird übrigens zehnjähriges Bestehen gefeiert – der einzige Wermutstropfen dabei, das räumt Hans Raum auch ein: Dass keine jungen Leute nachwachsen. Jede Generation baut eben ihr eigenes Haus.

Zehn Tipps zur Umsetzung

1. Derzeit gibt es rund 250 Männertreffen in Bayern. Viele davon wurden nach dem Modell »Man(n) trifft sich« gegründet. Drei Männer unterschiedlichen Alters und mit verschiedenen Berufen laden per Serienbrief andere Männer zu einer Informationsrunde ein: »Wir wollen etwas für Männer anbieten, bitte helft uns dabei!«
2. Für die Gründung eines Männertreffs werden drei Abende eingeplant. (Der genaue Ablauf folgt in dem Artikel von Volker Linhard unter Punkt 15.3.)
3. Beim ersten abendlichen Treffen überlegt man, wie ein Angebot für Männer gestaltet sein könnte. Zudem werden erste Themen und Formate angedacht.
4. Mögliche Themen können sein: »Partnerschaft und Treue«, »Arbeit und Mobbing«, »Gesundheit und Sport«, »Der eigene Körper und ich – zwei Welten begegnen sich?«, »Leistung und Mannsein: Dürfen Männer auch einmal ihre Schwäche zugeben?«, »Sexualität«, »Beste Freunde«, »Rente und was dann?«
5. Wichtig ist bei den Männertreffen, dass es eine Brotzeit gibt und ein Gesprächspartner eingeladen wird, der auf Augenhöhe und über persönliche Erfahrungen spricht, z. B. Wie habe ich meine Scheidung erlebt und verarbeitet? Wie ist heute mein Verhältnis zur früheren Partnerin? Wie sieht es mit den Kindern aus?
6. Es gibt unterschiedliche Formen von Männertreffs: biblisch orientiert, themenorientiert oder erlebnisorientiert. Während die einen regelmäßig über biblische Texte ins Gespräch kommen, laden andere interessante Gesprächspartner oder Referenten zu bestimmten Themen ein. Eine weitere Gruppe unternimmt Ausflüge: Wandern, Besichtigungen, Pilgern, Exkursionen usw.

7. Interessante Anregungen sind z. B. auch Formate, bei denen Männer Kooperation mit dem ansässigen Kino und einem Bio-Supermarkt eingingen. Einmal im Monat wurde kostenfrei ein Film zu Umweltthemen, Solarenergie, Plastikmüll oder Abgasproblemen gezeigt. Im Anschluss daran stand ein Gesprächspartner aus der Wirtschaft oder Industrie zur Diskussion bereit. Die Kosten für die Kinomiete und die Flyer trug der Bio-Supermarkt.
8. Attraktiv sind auch sogenannte Repair-Cafés: Ehrenamtliche treffen sich regelmäßig, um gemeinsam mit den Besitzern Alltagsgegenstände zu reparieren. Es gibt Getränke und kleine Snacks, eine Andacht und natürlich so manch seelsorgerliches Gespräch.
9. Es ist sinnvoll, für den Männertreff in einer Kirchengemeinde einen eigenen Haushalt anzulegen, damit Feste oder Vorträge finanziert werden können, ohne jedes Mal aufs Neue Geld »erbetteln« zu müssen.
10. Das »Bundesweite Männertreffen« findet jedes Jahr über Christi Himmelfahrt statt. Dabei kommen von Mittwoch bis Sonntag rund 200 Männer und Kinder zusammen, um sich über zentrale Männerthemen auszutauschen. Infos unter: www.maennertreffen.info

Raimund Kirch war bis 2016 Chefredakteur der Nürnberger Zeitung.

15.3 Beschreibung des Projektes »Man(n) trifft sich« im Rahmen der Evangelischen Männerarbeit in Bayern

Volker Linhard

Anhand des Projekts »Man(n) trifft sich« möchte ich darstellen, inwieweit Konzeptionen und Aufgaben[1] der evangelischen Männerarbeit in diesem konkreten und praktischen Arbeitsfeld umgesetzt werden. Ich beziehe mich dabei auf drei Informationsquellen. Ich

---

1 Siehe den Artikel »Echte Begegnungen auf Augenhöhe ermöglichen« in diesem Band.

habe ein informatives Interview mit Werner Lauterbach[2], dem damaligen Referenten für die evangelische Männerarbeit in Bayern, geführt. Darüber hinaus habe ich Materialien, die in diesem Prozess »Man(n) trifft sich« verwendet werden, gesichtet und ausgewertet und selbst an solch einem Projekt teilgenommen.[3]

Konzeptionelle Vorüberlegungen

Im Interview kamen an mehreren Stellen konzeptionelle Vorüberlegungen zu diesem Projekt zur Sprache, die ich hier zusammenfassen möchte. Lauterbach begann 1999 seine Arbeit im Rahmen der Evangelischen Männerarbeit in Bayern (EMB) und versuchte, an die bisherigen Arbeitsweisen und Erfahrungen anzuknüpfen. Er bemühte sich, Männergruppen vor Ort anzusprechen und bot ihnen Themen und sich selbst als Referent an. Auf diese Weise fand Männerarbeit in der EMB jahrzehntelang statt. Doch diese Arbeit erschien unbefriedigend und wenig ertragreich. Er fragte sich immer wieder: »Was habe ich bewegt?« In diesem Fragen und Nachdenken entstanden erste Umrisse eines neuen Konzeptes.

Männern sollte innerhalb der Gemeinde ein Raum des Gesprächs und der Ich-Botschaften eröffnet werden. Es sollten keine reinen Stammtische oder Informations- und Diskussionsveranstaltungen im Stil von »Jetzt red i« sein, wie sie viele Jahre von der EMB angeboten wurden.[4] Immer wieder kamen auch Anfragen von Gemeinden oder Mitarbeitern in diese Richtung, doch eine reine Themenorientierung schien nicht mehr zeitgemäß. Dabei tauchten zwei Probleme auf: Wird bei persönlichen Lebensfragen und Ich-Botschaften angesetzt, sind die Männer sehr zögerlich und bleiben zu Hause. Sie vermuten aufgrund der Themenformulierung ein »Psycho-Stübchen«, wie Lauterbach es nennt. Und umgekehrt: Veranstaltungen mit aktuellen Themen bleiben eher auf der Informationsebene. Sollte sich

---

2 Werner Lauterbach ist mittlerweile seit einigen Jahren im Ruhestand. Das Projekt »Man(n) trifft sich« wird dennoch erfolgreich weitergeführt.
3 Mittlerweile habe ich selbst einige dieser »Anschubprozesse« in Gemeinden durchgeführt.
4 Vgl. Uwe Steinbach: Männerarbeit – Männerbildung. München 2007. S. 96–150.

wirklich jemand angesprochen fühlen, wird er wohl kaum in diesem Rahmen seine persönlichen Probleme öffentlich ansprechen.

Das geplante Angebot sollte außerdem für die Gemeinden praktikabel und gut umsetzbar sein. Hierbei entstand das Problem der Zielgruppenorientierung. Wenn die Tatsache verschiedener Männertypen, Lebensphasen und Milieus ernst genommen wird, bräuchte es aber vier oder fünf Angebote für Männer. Lauterbach war klar, dass eine entsprechende Angebotsgestaltung von den Ortsgemeinden nicht geleistet werden kann. Der Gedanke, Männer möglichst aller Altersgruppen, Schichten und Milieus anzusprechen, blieb dennoch leitend, wiewohl klar war, dass dies eigentlich die »Quadratur des Kreises« bedeuten würde. Dieses Anliegen zieht sich durch viele seiner Überlegungen.

Eine weitere Bedingung: Aufgrund des begrenzten Zeitbudgets als einziger hauptamtlicher Mitarbeiter im der EMB sollte eine zeitlich überschaubare Begleitung der Gemeinden vor Ort ausreichen, um ein solches Angebot zu initiieren. Eine erste Folgerung: Es geht weniger um ein Angebot *für Männer,* sondern um ein Angebot *mit Männern*. Einen entscheidenden Impuls hatte Lauterbach auf einer Männerveranstaltung in Oberfranken bekommen, bei der ein Teilnehmer ihm deutlich machte, dass Kirche meist nur *für* Männer denkt und zu wissen meint, was Männer beschäftigt, was sie brauchen und was sie wollen. Er vollzieht hier einen Perspektivwechsel und erkannte, dass es nur *mit* den Männern geht, dass es unerlässlich ist, Männer in solch ein Angebot von Anfang an miteinzubeziehen. Und er suchte nach Möglichkeiten, wie sich Männer hier einbringen könnten.

Dabei halfen theologische Reflexionen, vor allem über den Antwortcharakter des Evangeliums, angestoßen durch die Theologie von Paul Tillich: Wie komme ich an die Fragen heran, auf die das Evangelium Antwort geben will? Wie kann ich mit Männern in einer Suchbewegung diese Themen finden – als Voraussetzung für die weitere Arbeit? Die Perikope vom Fischzug des Petrus (Lk 5,1–11) erhält in diesem Zusammenhang eine besondere Bedeutung. Es sind vor allem diese Begegnungsgeschichten, typisch für Jesus und sein Wirken, die ihn ansprechen. Das Boot der Fischer wird zu einem Symbol für die Lebenswirklichkeit der Männer damals: das

Boot als Grundlage für den »Broterwerb«, für den beruflichen Alltag, den Jesus mit den Männern am See Genezareth teilt. Wie können wir als Männer heute unseren Alltag, das, was uns beschäftigt, miteinander teilen? Auch das Gleichnis vom barmherzigen Samariter (Lk 10,25–37) und sein Zusammenhang spielen hier eine wichtige Rolle. Jesus ist im Gespräch mit den Menschen. Er gibt keine vorschnellen Antworten, fragt zurück, erzählt eine Geschichte und hilft so dem anderen, selbst eine Antwort zu finden.

Alle diese Überlegungen münden in ein Konzept für Männerarbeit, das – zaghaft begonnen – im Experimentieren, in Versuch und Irrtum weiter ausgebaut und reflektiert wird.[5]

Planung und Durchführung von »Man(n) trifft sich«

Anfrage und Vorgespräch

Die Planungsphase des Projektes beginnt in der Regel mit der telefonischen Anfrage eines engagierten Gemeindegliedes vor Ort. Oft geht es dabei um mögliche Themen, mit denen man die Männerarbeit in der Gemeinde etwas beleben möchte. Lauterbach stellt dann aber eine Alternative vor. Er umreißt kurz sein Konzept und bietet seine Begleitung als Mitarbeiter für einen begrenzten Zeitraum an.[6] Er weist auch darauf hin, dass für den Start dieses Projekts ein kleines Team von Männern nötig ist, das zumindest ein gewisses Anfangsinteresse hat. Er spricht nicht gleich von Mitarbeitern, um Interessierte nicht abzuschrecken. Der Einfachheit halber werde ich im Folgenden dennoch von Mitarbeitern sprechen. Findet diese Konzeptvorstellung ein positives Echo, beginnt der gemeinsame Prozess.

Erster Abend in der Gemeinde

An einem ersten Abend wird das Konzept anhand einer Power-Point-Präsentation vorgestellt. Lauterbach geht auf die erste Kontaktauf-

---

5   Erste Überlegungen finden sich bereits in dem Interview von Uwe Steinbach mit W. Lauterbach im Dezember 2002; vgl. Steinbach 2007, S. 151–155 und 164–169.
6   Nach seinem Ruhestand wird dieses Angebot von seinem Nachfolger und einigen Honorarkräften weitergeführt.

nahme ein und stellt klar, in welcher Weise Männer angesprochen werden wollen. Aufgrund der verschiedenen Zielgruppen schlägt er einen praktikablen Kompromiss vor: ein niedrigschwelliges, generationenübergreifendes und bedürfnisorientiertes Angebot. Er spricht nicht von einer Gruppe, sondern verwendet den Begriff des Forums. Mit dem Begriff »Gruppe« assoziieren viele Männer ein verbindliches Angebot und schrecken zurück. Das Forum ist hier als Begriff einladender und offener, weil es erst einmal unverbindlich klingt. Es gibt einen Überblick über die Weiterarbeit und vor allem eine Beschreibung des Abends, zu dem die Männer eingeladen werden sollen. Auch Fragen und Unsicherheiten der Mitarbeiter haben hier ihren Raum, es werden Bedingungen und mögliche Probleme geklärt, die vor Ort auftauchen können.

Dieser ganze Prozess ist ergebnisoffen. Am Ende entscheiden sich die Mitarbeiter, ob sie sich auf dieses Projekt einlassen wollen oder nicht. Dann wird ein grober Zeitplan erstellt. An diesem Vorgehen wird deutlich, wie wichtig Teamarbeit ist und dass die Männer vor Ort als Mitarbeiter eingebunden sind und Verantwortung übernehmen. Oft geschieht das ohne Pfarrer[7], d. h. in dieser Vorbereitungsarbeit sind dann die sogenannten »Laien« gefragt. Ihnen ist es möglich, anderen Männern »auf Augenhöhe« zu begegnen. Sie sind eher in der Lage, aufgrund eigener Erfahrungen diesen »garstigen Graben« zu den »gemeindeferneren« Männern zu überwinden. Wird ein Pfarrer in diese Vorbereitungsarbeit miteingebunden, muss er sich mit seiner Rolle als einer unter Gleichen auseinandersetzen und kann – im besten Fall – hier wichtige Lernfortschritte erzielen.

Einladung an alle Männer

Wichtiger Teil des Projekts ist ein persönliches Schreiben an alle Männer der Gemeinde. Sie werden ganz bewusst auf ihr Mannsein angesprochen. Hier wird deutlich: Die Kirche signalisiert ihr Interesse an den Männern. Es wird kurz die Vorgeschichte erzählt und dass man zu einem Abend extra für Männer einladen will. Zwei Missverständnisse werden abgewehrt: Es soll weder Stammtisch

---

[7] Hier verwende ich bewusst die männliche Form, da Pfarrerinnen in der Regel diesen Prozess nicht begleiten.

noch Selbsterfahrung sein. Transparent wird gemacht, dass es nicht um bestimmte Themen geht, ja, dass in diesem Sinne eigentlich nichts vorbereitet ist. Mit zwei Ausnahmen: Es gibt eine Brotzeit und einen Gast. Dabei geht es um einen Mann, der Erfahrung mit Männerarbeit hat und von dem man sich Ideen und Impulse erhofft. Wichtig ist, dass der Brief von mehreren Personen unterzeichnet ist, die idealerweise verschiedene Lebensphasen repräsentieren und dadurch möglichst viele Männer ansprechen.

Zweiter Abend in der Gemeinde

Lauterbach beschreibt, dass sich zu diesen Abenden erstaunlich viele Männer einladen lassen. Sie freuen sich, dass sie einmal als Männer angesprochen werden und sind neugierig. Eine ganze Reihe von Männern, die terminlich verhindert sind, lässt sich sogar entschuldigen, bekundet somit grundsätzliches Interesse.

Die Raumgestaltung für diesen Abend ist sehr wichtig. Die Männer sollen in kleinen Tischgruppen sitzen, die im Halbkreis um eine Mitte herum ausgerichtet sind. Dort befindet sich ein Bistrotisch mit zwei Hockern. Die Männer werden persönlich begrüßt. Die kleinen Tischgruppen ermöglichen es, dass sich ältere und jüngere Männer zusammensetzen. Meist beginnt man mit der Brotzeit. Hier entstehen erste Gespräche, die Männer »beschnuppern« sich. Dann lässt sich Lauterbach als Gast von einem der örtlichen Mitarbeiter interviewen. Die Fragenkomplexe sind vorher besprochen. Meist geht es um die Themen »Beruf«, »Partnerschaft«, »Ruhestand« oder »Kinder«. Es sind persönliche Fragen, auf die er sehr offen, ehrlich und authentisch eingeht. Er »knüpft seinen Hemdkragen auf«, wie er es nennt, und lässt die Männer ein wenig in sich hineinblicken.

Dies erleben Männer ja eher selten und entsprechend groß ist die persönliche Betroffenheit. Er gibt hier einen Vertrauensvorschuss, der sich dann später »auszahlt«. Aber nicht im Sinne einer plumpen psychologischen Methodik, mit der »mann« bei den anwesenden Männern eine ähnliche Offenheit erzeugen will. Die Männer hören gespannt zu und in manchem »Hinterkopf« beginnt es schon zu arbeiten. »Was der sich traut.« Oder: »Das kenne ich auch.« Sie erleben hier »Männersolidarität« und einen kirchlichen Mitarbeiter, der weiß, wovon er redet. Der zweite Teil des Interviews ist eher praktischer Natur. Lauterbach outet sich als Mitarbeiter der EMB und geht auf den Wunsch ein, dass in dieser Gemeinde ein Angebot für Männer initiiert werden soll. Er berichtet von seinen Erfahrungen und schlägt verschiedene Möglichkeiten vor. Das geschieht in gewisser Weise interaktiv, wobei immer zwei Möglichkeiten zur Wahl stehen und eine jeweils ausscheidet.

Bei »Man(n) trifft sich« soll es durchaus um aktuelle Themen gehen. Dabei wird allerdings zwischen einer »Zeitungsaktualität«, z. B. Finanzkrise, Terrorismus usw. und aktuellen Lebensthemen von Männern unterschieden. Der Begriff der Lebensthemen wird folgendermaßen umschrieben: »Das sind Themen, die mit uns abends ins Bett gehen und morgens wieder mit aufstehen.« Darum soll es bei solch einem Männerangebot gehen, die Zeitungsthemen scheiden folglich aus.

Dann gibt es wieder zwei Möglichkeiten. Die Mitarbeiter der Gemeinde setzen sich hin und überlegen, welche Themen für die Männer interessant und wichtig sein könnten. Oder die Männer bringen ihre eigenen Ideen und Themen ein. Die zweite Möglichkeit erhält eindeutig den Vorzug. Die Männer werden eingeladen, einen vorbereiteten Fragebogen auszufüllen. Dadurch wird klar, dass sie auf diese Weise ihr eigenes Programm mitgestalten können. Und es macht ihnen Mut, jetzt einmal offen und ehrlich diese Themen und Probleme schriftlich zu benennen. Lauterbach geht auch auf ihre inneren Einwände und Widersprüche ein und ermuntert sie, trotzdem diesen Schritt zu wagen. Alle Fragebögen werden anonym ausgefüllt. Darauf weist er deutlich hin. Aber er sagt auch, dass er die Fragen vorlesen möchte, nicht im Wortlaut, aber doch so, dass erkennbar ist, worum es geht. Erstaunlicherweise führt dieser Hinweis nicht dazu, dass die Männer wieder »zumachen« und sich dann doch nicht in ihr Inneres schauen lassen. Ihre Lebenswelt wird ernst genommen – die Männer spüren das und gehen darauf ein.

Die eingesammelten Fragebogen werden vorgelesen. Dabei kommt eine breite Palette von Themen ans Licht, die Männer beschäftigen und bewegen. Themen, die sich wiederholen, werden bewusst auch mehrmals gelesen. Für die zuhörenden Männer hat das zweierlei Effekt. Sie merken: *Dieses Problem* haben auch andere. Und: *Auch andere* haben dieses Problem. Sie merken also, dass ihre

Anliegen öfter auftauchen und dass auch andere Männer ähnliche Probleme haben. Dieser Erkenntnisprozess ist sehr wichtig, denn Lauterbach erlebt stark die Einsamkeit von Männern angesichts ihrer Probleme und Lebensfragen. In den Texten der Männer spiegeln sich die Sinndimensionen und Leitmotive der qualitativen Studie[8] wider, es werden existenzielle Fragen zum Bereich Beziehungsfähigkeit angesprochen, z. B. die Vaterrolle oder die Auseinandersetzung mit dem eigenen Körper.

Der Abend schließt dann mit dem Hinweis, dass diese Anregungen auf den Fragebogen zusammengefasst werden sollen, um mit den Mitarbeitern daraus die Themen für ein kommendes Programm zu entwickeln.

Phase der Weiterarbeit
Zwischen dem zweiten und dritten Abend werden die Fragebogen ausgewertet und in einer Word-Datei mit Tabellenfunktion zusammengestellt. Auch hier ist die Praktikabilität wichtig, damit auch die Mitarbeiter vor Ort damit umgehen können. Mithilfe einer Stichwortfunktion können die einzelnen Fragebogen nach Themen zusammengefasst werden, z. B. Partnerschaft, Ruhestand, Krankheit, Erziehung, Vatersein, Gesellschaft, Scheidung etc. Diese Zusammenfassung ist die Grundlage für das weitere Treffen mit den Mitarbeitern aus der Gemeinde.

Dritter Abend in der Gemeinde
Der dritte Abend sollte zeitnah zum vorherigen Termin liegen. Lauterbach trifft sich erneut nur mit den Mitarbeitern und bittet sie, sich an diesem Abend genug Zeit einzuplanen. Im Gegensatz zum ersten Treffen, wo es v. a. um die Vorstellung des Konzeptes und einer Entscheidung ging, geht es hier um ein ganzes Stück gemeinsamer Arbeit. Er sieht diesen Abend auch als eine Chance zur Fortbildung für Mitarbeiter in der Männerarbeit, weil sie sich ansonsten schwer zu den »förmlichen« (eintägigen) Schulungen einladen lassen. Er vermittelt den Beteiligten die Vorteile eines Halbjahresprogramms,

---

8 Martin Engelbrecht/Martin Rosowski: Was Männern Sinn gibt. Stuttgart 2007.

entgegen der häufigen Tendenz, einfach von einem Abend zum nächsten zu planen. Durch ein längeres Programm gewinnen die Männer einen Überblick über die verschiedenen Themen, ohne dass einzelne Aspekte ein zu starkes Gewicht bekommen. Dies wird an einem Beispiel deutlich: Es tauchen auch immer wieder religiöse Themen auf. Wird nun beim nächsten Treffen solch ein Thema gewählt, denken die Männer: Jetzt haben sie uns angelockt und nun kommen doch wieder kirchlichen Themen. Lauterbach ermuntert die Männer auch zu geselligen Angeboten: Wanderungen, Grillen oder andere Aktionen mit erlebnisorientierten Elementen. Und auch die Naturerfahrungen finden so ihren Raum.

Bei der Arbeit an den Themen wird großer Wert darauf gelegt, dass sie nicht exklusiv formuliert sind und unbeabsichtigt von vornherein eine bestimmte Zielgruppe ausschließen. Die Kunst besteht darin, bei Themen die Aspekte zu finden, die unterschiedliche Altersgruppen ansprechen. Dies ist z. B. selbst beim Thema »Ruhestand« möglich, indem man fragt: »Wann beginnt eigentlich der Ruhestand? Wann muss ich woran denken?« Oder Erziehungsthemen betreffen Väter und Großväter in ähnlicher Weise. Dieses Beachten der verschiedenen Zielgruppen wird den Mitarbeitern an diesem Abend bewusst und auch gleich mit eingeübt: Griffige und prägnante Themen werden gesucht, die der Begleittext des Programms erläutert und veranschaulicht. Falls das ganze Programm an diesem Abend nicht fertig wird, können sich die Mitarbeiter nochmals allein treffen, weiterarbeiten und ihren Entwurf mailen, der dann Korrektur gelesen und ggf. noch geändert wird.

Die Frage, wie nun diese Abende mit den Themen konkret aufbereitet werden, nimmt ebenfalls einen breiten Raum ein. Lauterbach plädiert dafür, vom klassischen Referentenmodell mit Vortrag und Rückfragen abzusehen. Stattdessen sollen kompetente und erfahrene Gesprächspartner für die entsprechenden Themen gefunden werden.[9] Der Stil des Abends – Tischgruppen, Interview, Brotzeit – soll beibehalten werden. Denn gerade in der Interviewform können die Impulse und Anregungen aus den Fragebögen aufgegriffen und verarbeitet werden. Es geht somit weg vom dozierenden Stil eines

---
9 Viele Anregungen gibt es auf der Seite www.maennerarbeit-bayern.de.

Fachmannes hin zum Gespräch mit einem Partner, der auf gleicher Augenhöhe ist und der den Männern vor allem durch seine (Lebens-) Erfahrung etwas weitergeben kann. In diesem Rahmen sind dann auch Fragen aus der Runde an den Gesprächspartner möglich. Es braucht eben keine »männlichen Vorturner«.

Unterbrochen werden kann das Setting mit der Brotzeit oder durch Gesprächsphasen an den Tischen. Hier ergeben sich viele Möglichkeiten. Durch den zweiten Abend in der Gemeinde haben die Mitarbeiter selbst anschaulich ein Modell erlebt – methodisch und inhaltlich –, mit dem sie in der Folgezeit weiterarbeiten können. Die Arbeit mit Gesprächspartnern hat auch den Vorteil, dass sie leichter zu finden und sicher auch billiger sind als hochkarätige Referenten. Hier ermutigt er die Mitarbeiter, ihre Fantasie einzusetzen. Zum Thema »Männer und Krankheit« kann zum Beispiel ein örtlicher Urologe als »Fachmann« angefragt werden, aber auch der sollte nicht nur Fach-, sondern ebenso Sozial- und Gesprächskompetenz mitbringen. Beim Thema »Erziehung« bringt vielleicht ein erfahrener Mittel-/Hauptschullehrer oder Sonderpädagoge neben dem Fachwissen auch das pädagogische Geschick für das Thema und für die Situation bei »Man(n) trifft sich« mit.

Auf den Begriff »Männergruppe« oder »Männerkreis« soll verzichtet werden, da er bei Männern oft eine versteckte Verbindlichkeit assoziiert. Bei einer Gruppe fällt es womöglich auf, dass ein Mann nicht da war, und er wird darauf angesprochen. »Man(n) trifft sich« soll bewusst ein offenes und niedrigschwelliges Angebot bleiben, im Sinne eines Forums. Die Erfahrungen zeigen aber, dass viele Männer gern regelmäßig kommen und dadurch Vertrauen und Offenheit wachsen, sodass auch »heiße« Themen angepackt werden können. Gerade in solch geschlechtshomogenen Räumen sind Männer dann auch bereit, Ich-Botschaften auszusenden, über eigene Gefühle zu sprechen und Rat und Hilfe zu suchen. Männer setzen sich so mit ihrer eigenen Rolle auseinander und erleben Gemeinde als einen Raum, in dem sie Erfahrungen teilen können, wo selbstbestimmtes Handeln möglich ist. Sie erfahren darin eine »Gegenwelt« zum eigenen Alltag.

Bei diesem dritten Treffen ist es entscheidend, dass das Programm zeitnah erstellt und publiziert wird, damit »Man(n) trifft sich« wirklich in die Gänge kommt und anläuft. Die Erfahrung zeigt, dass nach rund einem halben Jahr diese Veranstaltungen gut angenommen werden und auch weiterlaufen. Gerade beim Erstellen des zweiten Programms wenden sich die Mitarbeiter oft noch einmal an ihren Ansprechpartner und bitten um Unterstützung und Begleitung. Danach arbeiten die Teams selbstständig weiter und zeigen an vielen Stellen eine ausgesprochene Kreativität, ihr Programm inhaltlich und praktisch zu füllen.

Beispielhaft sei an dieser Stelle auf das Angebot für Männer der Gemeinde Oberasbach[10] hingewiesen, die gemeinsam in einer Schreinerei Gebetsschemel aus Holz zimmerten, sie während eines Meditationsabends ausprobierten und nun der Gemeinde zur Verfügung stellen. Dies zeigt auch eine gelungene Verknüpfung von spirituellen und handwerklichen Impulsen. Gerade in der starken Einbeziehung ehrenamtlicher Mitarbeiter und ihrer Kreativität erweist sich die nötige Öffnung, die kritischen Männer willkommen ist. Die Ehrenamtlichen können in dogmatischen Fragen oftmals flexibler reagieren, auch aufgrund eigener Erfahrungen, als dies ausgebildeten Theologen manchmal möglich ist.

Schwierigkeiten und Ausblick

Probleme ergeben sich in diesem Prozess an verschiedenen Stellen, die jedoch meist wenig mit dem Konzept zu tun haben. In seltenen Fällen kommt es vor, dass die Mitarbeiter untereinander in Konflikte geraten und die Treffen darunter leiden. Eine wesentliche Rolle spielen die Pfarrer: Bringen sie sich offen, authentisch und auf Augenhöhe ein? Stehen sie außerhalb der ganzen Angelegenheit? Oder betrachten sie diese Treffen argwöhnisch und finden sie gar unnötig? Ideal wäre die Rolle des Pfarrers in einer »Stand-by-Funktion« als Ansprechpartner, der auch Hilfestellung bei der Suche nach Gesprächspartnern gibt.

Eine weitere Schwierigkeit wird deutlich: die Gefahr, den Forumsgedanken zugunsten einer kontinuierlichen Gruppe aufzugeben. Es besteht immer wieder die Tendenz, sich als eine Gruppe einzufinden,

---

10 Vgl. www.st-lorenz-oberasbach.de/Gruppen/Manner/manner.html.

die dann »zumacht« und auf »Außenstehende« entsprechend unattraktiv wirkt. Hier liegt die Verantwortung bei den Mitarbeitern, dieser Gefahr entgegenzuwirken und durch entsprechende Formulierungen bei den Themen auch immer wieder jüngere, neue Männer anzusprechen.

Ein großes Problem ist die Frage der kontinuierlichen Begleitung dieser wachsenden Zahl neugegründeter Gruppen, die nötig und wichtig ist. Hier kommt Lauterbach als einziger Hauptamtlicher in der EMB an seine Grenzen. Mit einer umfangreicheren personellen Ausstattung könnte sicherlich ein intensiverer Kontakt zu den Männergruppen vor Ort gepflegt, deren Angebote qualitativ verbessert und so deren Stabilität sichergestellt werden.

Angesprochen auf seine Vision für »Man(n) trifft sich« erwähnt Lauterbach die Arbeit mit Theologiestudenten in Neuendettelsau, mit denen er – leicht modifiziert – ebenfalls dieses Projekt durchgeführt hat. Zusätzlich zu dem persönlichen Zugewinn haben auf diese Weise die jungen Männer ein völlig neues Bild von Männerarbeit erhalten und werden diese Anregungen wohl auch mit ins Pfarramt und in ihre Gemeindearbeit nehmen. So können sie als »Kirchenmänner« aus eigener Erfahrung und »Betroffenheit« anderen Männern als Suchende und Fragende begegnen. Männerarbeit als Querschnittsaufgabe in der Kirche müsste nach Lauterbachs Einschätzung viel stärker bereits in den Ausbildungen der kirchlichen Berufe verankert werden.

Volker Linhard, Religionspädagoge, M. A., ist Mitglied im Landesarbeitskreis der evangelischen Männerarbeit in Bayern (»forum männer«).

Von Männerwelten und Kirchenwelt – Brauchen Männer eine eigene Theologie? Braucht Kirche eine männerspezifische Sichtweise?[1]

Reiner Knieling

1 Männerwelten und Kirchenwelt

Eine wesentliche Erkenntnis aus den Männerstudien der vergangenen Jahre ist: Männerdominanz darf nicht mit einer männerspezifischen Sichtweise verwechselt werden. Dass die Kirchen- und Theologiegeschichte über weite Strecken von Männern dominiert wurde, heißt noch lange nicht, dass Themen, Weltsichten und Lebensstile von Männern in Theologie und Kirche fest verankert wären.[2] Männerwelten und Kirchenwelt sind also keineswegs so identisch, wie es aus binnenkirchlicher und politisch korrekter Sicht manchmal scheint. In der Begegnung mit befreundeten Männern außerhalb der Kirchenwelt spüre ich schnell und oft: Männerwelt und Kirchenwelt können zwei sehr unterschiedliche Bereiche sein und sind keineswegs selbstverständlich miteinander kompatibel.

Zur Frage nach männerspezifischen Themen kann neben der eigenen Erfahrung auf verschiedene Studien der letzten Jahre zurückgegriffen werden.[3] Dort wird deutlich, dass die gesamte Berufs- und Arbeitswelt nicht nur, aber auch für Männer eine zentrale Rolle spielt: von der Anstrengung und manchen Überforderungen bis hin zu Befriedigung und Sinn, die daraus gezogen werden. Ein zweiter wichtiger Bereich sind die vielfältigen Beziehungen im familiären Bereich und im Freundeskreis – von sehr tragfähigen, ge-

---

1 Dieser Beitrag ist ein gekürzter, aktualisierter Artikel aus dem »Handbuch der Männerarbeit« der Evangelischen Kirche im Rheinland 2005. Quelle: http://www.ekir.de/maenner/arbeitshilfen/handbuch-621.php (Zugriff am 1.6.2019).
2 Zu den Details vgl. Reiner Knieling: Männer und Kirche. Konflikte, Missverständnisse, Annäherungen. Göttingen 2010.
3 Knieling 2010, S. 10–45.

wachsenen Beziehungen bis zu brüchigen, komplizierten oder anstrengenden Beziehungen. Ein dritter Bereich ist die Frage nach der Fremd- und Selbstbestimmung. Dass die Zufriedenheit und das Glück mit dem Maß an Selbstbestimmung wachsen, ist unmittelbar einleuchtend; dass Männer Fremdbestimmung in Kauf nehmen, wenn es darum geht, genügend Geld zu verdienen und für Familie bzw. Kinder zu sorgen, auch. Schmerzlich ist, dass Kirche zu oft als etwas wahrgenommen wird, das in den Bereich der Fremdbestimmung fällt – neben die stärkenden und ermutigenden Erfahrungen, die es natürlich auch gibt. Dazu gehört als vierter Bereich die wachsende Offenheit von Männern für Spirituelles und Religiöses, teilweise verbunden mit klarer Kritik an kirchlichen Erscheinungsformen. Diese vier Bereiche bilden die Folie, mit der ich nach vorhandenen und möglichen männerspezifischen Perspektiven in der Theologie frage.[4]

2 Männerspezifische Perspektiven in der Theologie

Leistung

Mit dem Stichwort »Leistung« ist ein besonders im Bereich der evangelischen Kirche sensibles Thema berührt. Zumindest in den verbalen Äußerungen evangelischer Kirche und Theologie ist eine gewisse Distanz zu allem zu beobachten, was mit Leistung und Erfolg zu tun hat. Kirche tut sich schwer, Leistung als solche zu würdigen – auch wenn sie laufend pointierte Leistungserwartungen für ihre Mitarbeiter*innen formuliert –, weil sie vor allem die Fehlformen vor Augen hat, die es ja zur Genüge gibt. Natürlich kann Leistung zu Stolz und Überheblichkeit führen und dazu, dass Menschen sich um sich selbst drehen. *Incurvitas in se ipsum* – »In-sichselbst-Verkrümmtsein« – ist reformatorisch der Kern der Sünde. Stolz und Eitelkeit gehören seit der Alten Kirche zu den Haupt- bzw. Todsünden. Es ist also kein Wunder, dass Leistung und Erfolg verdächtigt werden, da primär Fehlformen im Blick sind.

---

4 Was im Folgenden nur skizziert werden kann, finden Sie ausführlicher, auch mit entsprechenden Literaturangaben für die Weiterarbeit, in: Knieling 2010 (Anm. 1).

Das passt zur dogmatischen Christologie: Der schwache, ausgelieferte, am Kreuz ohnmächtig leidende Christus beherrscht die evangelische Passionsfrömmigkeit, nicht der Wunder wirkende, heilende, auferstandene, mächtige Christus, der eine verdächtige Nähe zu der von den Reformatoren sogenannten katholischen Herrlichkeitstheologie *(theologia gloriae)* hat.

Die Schlaglichter auf die theologische Tradition und kirchliche Kultur zeigen, wie sehr der Zugang zu einer positiven Würdigung von Leistung und Erfolg verstellt ist. Ein wichtiger Schritt, um einen neuen Zugang zu ermöglichen, ist auf theologischer Ebene die genaue Wahrnehmung und Beschreibung von Leistung und Erfolg und dabei die Differenzierung zwischen Fehlformen und dem jeweils positiven Wert.

Zu einer genauen Wahrnehmung gehört, nach den verschiedenen Ursachen zu fragen, die zum Erfolg führen. Hier können wir aus der qualitativen Studie »Was Männern Sinn gibt«[5] lernen. Dort beschreiben Männer ihre Fähigkeiten und Begabungen, benennen aber auch Unfähigkeiten und Grenzen. Und sie wissen, dass Sinn nicht nur erarbeitet werden kann, sondern einem auch widerfährt. Die eigene Leistung wird also im Zusammenhang mit anderen förderlichen Faktoren und glücklichen Umständen wahrgenommen. Wo die Vielfalt der mitwirkenden Faktoren beachtet wird, ist es möglich, zusammen mit der Freude über den Erfolg und dem Stolz auf die eigene Leistung ein Gefühl von Dankbarkeit zu entwickeln.

Beziehungen

In vielen Gemeinden ist atmosphärisch klar, welche Hierarchie der Lebensformen dem dort herrschenden Denken und Empfinden zugrunde liegt: Die Familie steht an oberster Stelle und wird nicht selten idealisiert. Familiengottesdienste z. B. gehören in vielen Gemeinden zum Standardprogramm. Witwer und Witwen sind auch willkommen. Sie hatten ja einmal eine Familie. Sie trauern vielleicht noch. Manche sind engagierte Mitarbeitende. Menschen, die allein

---

5 Martin Engelbrecht: Was Männern Sinn gibt. Abschlussbericht zum Forschungsprojekt »Die unsichtbare Religion kirchenferner Männer«. Kassel 2005.

leben, empfinden nicht selten, dass Gemeinden zu dieser Lebensform ein »Nichtverhältnis« haben: Sie haben nicht wirklich etwas dagegen, sind aber auch nicht »dafür«. Getrennt Lebende und Geschiedene sind ein Stachel im kirchlichen Familienideal, der manche schmerzt und an den sich andere längst gewöhnt haben. Alleinerziehende gehören zu denen, um die sich die Kirche kümmert, was – so sehr auch diese kirchliche Arbeit zu würdigen ist – die Begegnung auf Augenhöhe nicht gerade fördert.

Umso wichtiger scheint mir die Frage, wie sich die Wirklichkeit gegenwärtiger Beziehungen im Gottesdienst spiegeln kann. Ich wünsche mir, dass die jeweils Verantwortlichen in Liturgie und Verkündigung Raum lassen

- für die Komplexität und die verschiedenen Aspekte von Beziehungen,
- für den Konflikt zwischen beruflicher Verpflichtung und Zeit für die Familie, zwischen Sehnsucht nach stabilen Beziehungen und gefühlter »Unfähigkeit« dazu,
- für enttäuschte Erwartungen,
- für Schuld, die im Moment nicht vergeben werden kann,
- für das Gefühl, nicht überall gleich potent sein zu können, es aber doch gern zu wollen …

Erkennbar wird dieser Raum für die Komplexität und Brüchigkeit von Beziehungen durch eine bestimmte hermeneutische »Brille«: Ich lese die biblischen Geschichten nicht mit der Frage, wie ich das vermeiden kann, was bei den damaligen Gottesmännern und Gottesfrauen so alles schiefgelaufen ist, sondern ich frage: Wo und wie spiegeln sich in den biblischen Geschichten Glück und Schmerz, Gelingen und Scheitern, Erfolg und Niederlage? Und wie spiegelt sich darin meine Wirklichkeit? So entdecke ich, wie sehr biblische Geschichten von unserer teilweise so schwierig erlebten Beziehungswelt durchdrungen sind – und wie sie deshalb in entsprechenden Situationen ihre Kraft entfalten. Und ich werde gleichzeitig ermutigt, Glück und Gelingen einfach zu feiern – ohne schlechtes Gewissen.

Manchmal habe ich den Eindruck: Wir haben in der Kirche mit der Zerbrechlichkeit und dem Scheitern von Beziehungen nicht nur deshalb ein Problem, weil es dem Familienideal und dem Ideal gelingenden Lebens widerspricht. Wir haben gleichzeitig ein Problem mit Gelingen und Glück, weil es dem Demuts- und Bescheidenheitsideal widerspricht. Wir trauen uns – zumindest kirchenoffiziell – oft nicht, uns so richtig über Erfolge zu freuen, weil die Angst vor Stolz und Überheblichkeit zu tief verwurzelt ist. Die Bibel ermutigt uns, beides ganz zu erleben: den Schmerz und das Glück, das Scheitern und das Gelingen ... Die biblischen Geschichten erzählen davon – und die Psalmen machen ein Gebet daraus.

Selbstbestimmung

Von den Ergebnissen der oben genannten Männerstudie berührt und bewegt mich am meisten, dass neben dem DDR-Regime v. a. die Kirchen als Ort der Unfreiheit und der Fremdbestimmung wahrgenommen werden. Dennoch zeigt die quantitative Männerstudie »Männer in Bewegung« von 2008, dass die Kirchenverbundenheit männlicher Mitglieder sich in den vergangenen zehn Jahren signifikant erhöht hat, was weniger in einer erhöhten Frequenz des Kirchgangs zur Wirkung kommt als in einem stärker förderlichen Einfluss der Kirche auf das alltägliche Leben.[6] Neben einer Abwehrhaltung gegenüber der Kirche scheint es bei den Männern also eine grundsätzliche Offenheit für sie zu geben. Diese könnte genützt werden, indem sich die Kirche gerade nicht als machtsichernd und »wertesetzend« zeigt, sondern als eine Kirche, die ihre Botschaft ins Spiel bringt – und der es ebenso wichtig ist, zuzuhören und von anderen zu lernen.

Kirche fördert Selbstbestimmung, indem sie auf Macht bewusst verzichtet, indem sie damit aufhört, bestimmen zu wollen, was für andere gut oder schlecht ist. Es ist ein fundamentaler Unterschied, ob sie ihre Botschaft als für alle gültig machtvoll durchsetzen will oder ob sie bereit ist, von ihrer eigenen Macht Abstand zu nehmen oder diese regelrecht zu verringern – und dafür ihre Botschaft »auf Augenhöhe« einzubringen, um es mit dem Modewort zu sagen, das

---

6 Vgl. neben den genannten Zahlen: Rainer Volz/Paul M. Zulehner (Hg.): Männer in Bewegung. Zehn Jahre Männerentwicklung in Deutschland. Baden-Baden 2009, 238 ff., Abb. 176–181.197–200. 203, und den Tabellenband zu Frage 93.

zugleich eine tiefe Sehnsucht und einen hohen Wert unserer Zeit ausdrückt.

Solche Kommunikation freilich setzt voraus, dass kirchlich Mitarbeitende es wagen, nicht nur anderen helfen oder ihnen Orientierung geben zu wollen, sondern ihre eigene Ohnmacht an sich heranzulassen und damit in Berührung zu kommen. Zur Annäherung daran könnte es hilfreich sein, die heimliche Sehnsucht nach dem früheren Einfluss und der unhinterfragten Autorität der Kirche in sich wahrzunehmen und verloren gegangene Macht zu betrauern. Das hätte eine ganz andere Qualität, als mehr oder weniger unbeteiligt von der Ohnmacht Jesu am Kreuz zu sprechen. Neben dem Gespür für eigene Ohnmacht sollte sich innerkirchlich ein Gespür für die eigenen Konflikte mit Fremd- und Selbstbestimmung entwickeln.

Spiritualität

In den Kirchen reformatorischer Tradition ist die Schöpfungstheologie einerseits durch die Auseinandersetzung um Schöpfung und Naturwissenschaft geprägt, andererseits geht es um Dankbarkeit dem Schöpfer gegenüber (Erntedankfest) und um einen verantwortlichen Umgang mit Gottes Schöpfung. Das alles sind unbestritten wichtige Themen. Aber eines fehlt in der Regel: eine positive Würdigung der eigenen Geschöpflichkeit und Gottes Schöpfung als Ort des Erlebens Gottes. Das hängt mit wesentlichen theologischen Grundentscheidungen reformatorischer Theologie zusammen: Wenn die Offenbarung Gottes in Christus im Zentrum steht, ist eine mögliche Erkenntnis Gottes aus der Natur verdächtig, was nicht nur die Auseinandersetzungen in der Zeit des Dritten Reiches bestätigt haben. Und wo Sünde und Gnade die beherrschenden Themen sind, kann die Geschöpflichkeit der Menschen schlecht unabhängig davon gewürdigt werden. Gefährdungen und Irrwege bedeuten aber bekanntlich nicht, dass damit nicht auch positive Anliegen verbunden sein und gewürdigt werden könnten, was sich in wenigen Spuren innerhalb der reformatorischen Tradition zeigt.

Luther schreibt neben deutlichen Hinweisen darauf, dass die Schöpfung nicht mit dem Schöpfer verwechselt werden darf, auch solche Sätze: »Die ganze Schöpfung ist das allerschönste Buch oder

Bibel, darin sich Gott beschrieben und abgemalt hat.« (WA 48, 201, 5–6) In der Psalmenvorlesung (1513–1516) sagt er: »Je tiefer man die Schöpfung erkennt, um so größere Wunder entdeckt man in ihr.« (WA 3, 534, 28–29)

Auf der Suche nach Verbindungen zwischen Schöpfungsspiritualität und Jesusfrömmigkeit bin ich auf Paul Gerhardt gestoßen. Er geht in dem bekannten Lied »Geh aus, mein Herz, und suche Freud« von der Freude in und an der Schöpfung Gottes aus und verweilt dabei viele Strophen lang (1653, EG 503). Die Freude sucht Paul Gerhardt an seines »Gottes Gaben« (nicht an Christus, seiner Menschwerdung, seinen Wundern oder seiner Auferstehung) und fordert zu genauer Wahrnehmung auf. Diese Gedanken könnten manchen von uns Kirchenmännern die Augen für das eine oder andere öffnen.

Auf diese Weise bekommen Begegnungen von Männern mit und in der Schöpfung eine neue, auch theologische, Qualität. Von hier aus lassen sich viele Angebote für Männer, die »draußen« stattfinden, begründen und in einen größeren Zusammenhang stellen.[7]

Männliche Stärke und verborgene Schwäche – oder: Wenn Kirchen- und andere Männer gemeinsam lernen

Die Erfahrung in der Männerarbeit ist: Wo Männer ihre eigene Stärke spüren und mit sich in Kontakt sind, werden sie auch offen für andere, unangenehmere Themenbereiche. So berichtet Markus Röntgen, katholischer Referent für Männerseelsorge in Köln, von einer Bergtour, nach der sich intensive Gespräche »über das Aufsteigen und Absteigen als wichtige Erfahrungen im Männerleben« entwickelten. So ist eine Annäherung an die Schattenseiten des Lebens möglich.

Im Vergleich zu dieser vorsichtigen Öffnung für die eher unangenehmen Seiten des Lebens bleibt das Kreuz als Ausdruck des Scheiterns und der Ohnmacht Gottes für viele Männer eine Provokation. Vielleicht helfen uns gerade unsere Zeitgenossen dabei, das »Wort vom Kreuz« (1. Kor 1,18 ff.) in seiner Anstößigkeit neu zu entdecken. Vielleicht lernen wir dabei, dass wir das Kreuz über

---

7 Vgl. die entsprechenden Angebote in diesem Band: Pilgern, Klettern und Naturspiritualität.

weite Strecken oberflächlich bejahen, nicht aber in der Tiefe unserer Existenz. Annäherungen an das Kreuz Jesu und die Schattenseiten des eigenen Lebens werden durch erlebte Begrenzungen und Nöte (Behinderungen, Krankheiten, Unglücke jeglicher Art, Scheitern) und durch eine konstruktive Auseinandersetzung damit gefördert.

Wo sich Kirchen- und andere Männer aufeinander einlassen, können sie gemeinsam buchstabieren, wie Schöpfungsspiritualität, Freude an der eigenen Stärke und Leistung, die Auseinandersetzung mit Misslingen und tragischem Scheitern und die Entdeckung der Stärke Gottes in der Schwachheit Jesu in verschiedenen Lebenssituationen unterschiedlich wichtig sind und sich insgesamt wechselseitig befruchten.

Reiner Knieling, Prof. Dr., ist Leiter des Gemeindekollegs der VELKD, Neudietendorf.

Echte Begegnung auf Augenhöhe ermöglichen[1]

Volker Linhard

Männer und Bildung – zwei Welten begegnen sich? Lebensthemen und Spiritualität verbinden.

1 Evangelische Männerbildung nimmt Lebenswelten aufmerksam wahr

1998 veröffentlichten Rainer Volz und Paul Zulehner das groß angelegte empirische Forschungsprojekt »Männer im Aufbruch« und erweiterten es zehn Jahre später durch eine wiederholte Befragung zur Längsschnittstudie[2]. Sie haben vier Cluster gebildet: Die *teiltraditionellen* (1998: die traditionellen), die *modernen* (1998: die neuen), die *balancierenden* (1998: die pragmatischen) und die *suchenden* (1998: die unsicheren) Männer.

Der *(teil-)traditionelle* Mann sichert das Einkommen, seine Frau sorgt für die Kinder und das Heim, die Berufswelt hat für ihn einen großen Stellenwert. Jedoch ist es für ihn in den letzten zehn Jahren selbstverständlicher geworden, die Berufstätigkeit der Frau zu akzeptieren. Der *moderne* Mann nimmt sich Zeit zur Betreuung seines Kindes, hält Frauenemanzipation für wichtig und ist der Meinung, dass beide zum Haushaltseinkommen beitragen sollen. Dabei ist es »auffällig, wie viele Männer (und Frauen) zugleich zu traditionellen und zu modernen Vorstellungen neigen«[3] Die Gruppe, die in die-

---

1 Dieser Text ist ein Auszug aus dem Artikel »Männer und Bildung – zwei Welten begegnen sich« aus dem Sammelband Mathias Hartmann/Peter Helbich: Bildung und Verwandlung als Chance für die Zukunft des Menschlichen (Dynamisch Leben Gestalten 9). Stuttgart 2018. (Ergänzungen V. L.)
2 Volz/Zulehner 2009.
3 Knieling 2010, S. 21.

sen beiden Bereichen hohe Werte hat, nennen Zulehner und Volz die *Balancierenden*.

Und dann gibt es noch eine Gruppe, die mit den traditionellen Rollenbausteinen fast nichts mehr und mit den modernen auch nichts oder noch nichts anfangen kann: die *Suchenden*. An erster Stelle stehen bei allen Gruppen die Bereiche Familie, Freunde, Freizeit und Arbeit. Hier setzt evangelische Männerarbeit an: So entstehen etwa im Klettergarten existenzielle Gespräche über Konflikte in der Partnerschaft (Kap. 3), oder auf der Männerrüste werden Fragen nach Mobbing am Arbeitsplatz aufgeworfen (Kap. 12).

Erst weit abgeschlagen stehen die Themen Politik, Religion und Kirche, obwohl gerade letztere im Vergleich zur Studie von 1998 sehr aufgeholt haben, teilweise mit den doppelten Werten. In sehr grundlegender Art und Weise geht das Projekt »Man(n) trifft sich« (Kap. 15) von den Erfahrungsräumen der Männer und ihrer Lebenswirklichkeit aus; von Männern für Männer – und hat sich so zu einem echten Konzept auf Augenhöhe entwickelt.

Zwischen diesen beiden Befragungen gab es 2005 die qualitative Studie »Was Männern Sinn gibt«, in denen sog. »kirchenferne« Männer in ausführlichen Interviews aus ihrem Leben erzählen und beschreiben, was ihnen wichtig ist und am Herzen liegt.[4] Dabei zeigen sich drei Sinndimensionen: *Erarbeiteter* Sinn, aufgrund von eigenen Leistungen und Verdiensten, z. B. in Beruf, Partnerschaft und Erziehung, *erlebter* Sinn, z. B. mit Freunden oder in der Natur, und *widerfahrener* Sinn, wo es um positiv gedeutete Ereignisse geht, die glücklich überstanden wurden. Diese unterschiedlichen Sinndimensionen begegnen auch in der Auseinandersetzung mit biblischen Männergestalten und können so mit der Lebenswelt heutigen Mannseins verknüpft werden (Kap. 12).

Außerdem werden aufgrund der Interviews verschiedene Leitmotive herausgearbeitet und gebündelt: Leben als *Kampf* gegen widrige Umstände, als *Beziehung*, als *Lernen* und *Abenteuer* und als *Kreativität*. Hinzu kommen Selbst- und Fremdbestimmung, Übernahme von Verantwortung und Leben zwischen »Welt« und Gegen-

---

4 Engelbrecht 2005. Vgl. auch Knieling 2010, S. 11; im weiteren Verlauf, S. 38 ff., geht er noch zusätzlich auf die Ergebnisse der Sinusstudie von 2009 ein.

welt. Unabhängig von der vermeintlichen Kirchendistanz der Teilnehmer gelten viele dieser Aspekte sicherlich auch für »kirchennahe« Männer und ergänzen so die quantitativen Studien. An vielen Stellen evangelischer Männerarbeit werden solche Gegenwelten angeboten: Bei »Bike With God« geht es um Grenzerfahrungen (Kap. 13) oder das Pilgern wird als bewusste Auszeit erlebt (Kap. 5). Kreativität taucht in vielen Facetten auf, etwa beim Kochkurs (Kap. 4), beim Trommelbau (Kap. 7) oder im Bierbrau-Kurs (Kap. 11).

Diese vielfältigen Lebens- und Männerwelten wahrzunehmen, ist Aufgabe evangelischer Männerbildung und gleichzeitig deren Voraussetzung, wie ich in den weiteren Punkten zeigen werde.

2 Evangelische Männerbildung anerkennt und stärkt Beziehungsfähigkeit

Das weitverbreitete Klischee »Männer tun sich schwer, Beziehungen aufzubauen und zu pflegen« wird aufgrund vieler Erfahrungen in der Männerarbeit und auch durch die Interviews der qualitativen Studie von M. Engelbrecht widerlegt. Er benennt als wichtiges Leitmotiv »Leben als Beziehung«, das für fast alle Gesprächspartner von großer Bedeutung ist. Dabei geht es vor allem darum, dass »Lebensinhalte unter dem leitenden Gesichtspunkt der Beziehungsdimension erzählt«[5] werden. Verknüpft ist dies oftmals mit dem Erzählen über Menschen, zu denen der interviewte Mann eine Beziehung hat. Immer wieder geht es auch um die Beziehung der Männer zu sich selbst: Wie sehen Männer ihre eigene Situation, ihre Rolle angesichts persönlicher und gesellschaftlicher Veränderungen? Dies wird vor allem im Konzept des Männerpalavers aufgenommen (Kap. 2). Hier erleben die Männer eine Ehrlichkeit, ein Wir-Gefühl und das Betroffen-sein von gleichen Problematiken.

Interessanterweise wünschen sich viele, v. a. moderne Männer, einen Beitrag der Kirche zur Neugestaltung dieser Männerrolle, während gerade die Teiltraditionellen sich eher eine Stabilisierung der bestehenden Verhältnisse wünschen.[6] Hier zeigt es sich als

---

5   Engelbrecht 2005, S. 48.
6   Vgl. Knieling 2010, S. 31.

eine wichtige Aufgabe, verschiedene »Typen« von Männern miteinander ins Gespräch zu bringen, um eigene Erwartungen und Vorstellungen kritisch zu betrachten. Gerade die Begegnungen mit anderen Männerbildern können hier hilfreich sein.

Ein wichtiges Thema ist die Beziehung zum eigenen Körper. Der Bereich der Sexualität ist weithin, bei Frauen und Männern, in unserer Gesellschaft noch immer tabuisiert. Männer und Frauen tun sich schwer, hier eigene Erfahrungen und Defizite offen auszusprechen. Daran ändern auch eine sexualisierte Sprache und eine reißerische Beschäftigung in den Medien nichts. Männerbildung kann hier Schutzräume anbieten, wo in einer vertrauten Gruppe ein offenes Gespräch über solche Themen möglich ist; vor allem für Männer, die keine Möglichkeit haben, in freundschaftlichen Beziehungen zu anderen Männern dies anzusprechen. Auch dies ist beim Männerpalaver möglich, wie die vielen Beispiele der Themenreihen zeigen.

Wichtig ist in jedem Fall die – auch theologisch begründete – Bejahung einer lebensfördernden Sexualität. Die ehren- und hauptamtlichen Mitarbeiter müssen sich hier offen und ehrlich einbringen, damit es die anderen Männer unterstützt und ermutigt. Reiner Knieling nennt dies »Männersolidarität« und formuliert treffend die Aussage eines Teilnehmers: »Hat der Pastor überhaupt eine Ahnung von dem, was ich erlebt habe?«[7] Dies fügt sich dann ein in den größeren Zusammenhang der Männergesundheit, wo Männer sich mit den Risiken und Chancen von Krankheit auseinandersetzen, ein eigenes Körpergefühl entwickeln und präventive Maßnahmen wahrnehmen.[8] Dies geschieht in körperbetonten Projekten der Männerarbeit, wie etwa dem Hochseilgarten (Kap. 3), dem Pilgern (Kap. 5) oder dem Angebot »Bike With God« (Kap. 13). Männer können an ihre Grenzen gehen, sich selbst spüren und die gemachten Erfahrungen in der Begleitung einer Gruppe reflektieren sowie konstruktiv und lebensdienlich auf die eigene Beziehungsexistenz beziehen. Dies ist als

---

7 Knieling 2010. S. 162.
8 Vgl. Martin Rosowski/Andreas Ruffing (Hg.): Ermutigung zum Mannsein – ein ökumenisches Praxishandbuch für Männerarbeit. Kassel 2002. S. 59–69. Siehe auch den mittlerweile dritten Männergesundheitsbericht von 2017: www.stiftung-maennergesundheit.de

wichtiger Baustein einer wirksamen Prävention nicht hoch genug einzuschätzen und eine gute Alternative zu gefährlichem und ungesundem Freizeit- und Suchtverhalten.

Ein weiterer Aspekt sind Freundschaften und Gruppen, in denen Konkurrenzverhalten aufgehoben werden, wo Nähe und Distanz erlebt und erprobt sowie Beziehungsfähigkeit gestaltet und gefördert werden. Dazu braucht es weiterhin die Möglichkeit, dass Männer sich in geschlechtshomogenen Gruppen treffen und dabei auch tiefsitzende Befürchtungen abbauen. »Die weitverbreitete Angst, durch Nähe zu anderen Männern in dem eigenen Mannsein in Frage gestellt zu sein (Homophobie), wird somit abgebaut. Dies ist auch ein Beitrag zur Achtung schwuler Männer.«[9] Auch dies zeigen immer wieder die Erfahrungen in den Angeboten der Männerarbeit. Ein Kochkurs mit Frauen zusammen erscheint undenkbar (Kap. 4). Die Männer brauchen und schätzen diese Räume unter sich und die damit verbundene Lockerheit. Und auch hier ist die Beziehung wichtig, die Männer erleben eine Kochgemeinschaft und gegenseitige Hilfsbereitschaft.

In der Studie von Zulehner und Volz spielt das Thema »Väterlichkeit« bei allen Männertypen eine große Rolle.[10] Hier entdecken Männer eine neue Beziehung zu ihren eigenen Kindern. Sie werden sich der Wichtigkeit väterlicher Präsenz bewusst und wünschen sich mehr Zeit, um diese Beziehung kreativ zu gestalten. Sie erleben, wie diese »Beziehungsarbeit« auch ihre Partnerschaft stabilisiert und ihnen selbst guttut. Jedoch stoßen Männer hier – ähnlich wie Frauen – auf das Problem, die Anforderungen im Beruf mit den Ansprüchen an eine gelebte Vaterschaft in Einklang zu bringen. Darum sind in der evangelischen Männerarbeit die Angebote für Vater und Kind sehr wichtig und werden gerne angenommen. Beim Kanu-Wochenende (Kap. 6) erleben die Männer mit ihren Kindern ein starkes Gemeinschaftsgefühl, tragen sich gegenseitig. Die Kinder spüren die schützenden Hände des Vaters im Rücken. Oder das

---

9 Friedhelm Meiners/Martin Rosowski (Hg.): Männerwelten – Neue Perspektiven kirchlicher Männerarbeit. Bielefeld 1996. S. 109.
10 Volz/Zulehner 2009, S. 93; v. a. bei den modernen Männern, vgl. S. 300.

gemeinsame Trommelbauen (Kap. 7) stärkt und festigt die Zweier-Beziehung, gerade auch, wenn es schwierig wird.

Männerbildung kann »Räume öffnen, in denen Männer sich als aktive Väter mit ihren Kindern konkret erleben können und mit anderen Vätern in Austausch treten können.«[11] Sie kann hier begleiten und unterstützen, eine innerkirchliche Sensibilisierung für Väter und ihre Anliegen anstoßen und sich auf gesellschaftlicher Ebene für Veränderungen einsetzen. In diesem Zusammenhang ist es auch nötig, dass Männer sich mit ihren eigenen Vaterbildern und Kindheitserfahrungen auseinandersetzen und im Raum evangelischer Männerbildung neue, bereichernde Modelle von Väterlichkeit erleben.

3 Evangelische Männerbildung begleitet die Suche nach Spiritualität

In den letzten Jahrzehnten wurde viel über den Auszug der Männer aus der Kirche diskutiert. An der Basis in den Gemeinden dominieren die Frauen, Männer sind oftmals – aber auch hier abnehmend – in Leitungsfunktionen engagiert. Diese Distanz der Männer zur verfassten Kirche wurde meist als eine Abwendung von Religion und Glaube verstanden. Doch diese Erklärungsmuster erweisen sich zunehmend als brüchig. Männer suchen sehr wohl nach Sinn oder Glauben, sie sehnen sich nach Spiritualität und beschreiten hier experimentelle, aber auch traditionelle Wege, oftmals jedoch außerhalb der großen Volkskirchen. Sie haben einen eigenen Zugang zu den Themen Religion und Spiritualität.

Einen wichtigen Beitrag zur religiösen Dimension im Männerleben leistete M. Engelbrecht mit seiner Studie unter sog. »kirchenfernen« Männern. Er vermeidet in seinen Interviews theologische und kirchliche Begrifflichkeiten und konzentriert sich auf die Frage nach dem Sinn. Bei den Gesprächen mit den Männern zeigt sich, dass in ihren Antworten die Sinndimension breiten Raum einnimmt. Ein sehr wichtiger Aspekt von erlebtem Sinn ist der Bereich der Natur[12]. Natur wird als eine kosmologische Sinndimension erlebt.

---

11 Volz/Zulehner 2009, S. 406.
12 Engelbrecht 2005, S. 23 ff.

Kosmologie definiert Engelbrecht »als die Vorstellung eines Menschen darüber, was die Welt im Innersten zusammenhält«.[13]

Das Leben, die Welt und die Natur sind für diese interviewten Männer der größere Rahmen, in denen sie ihr Nachdenken einordnen. Dabei beschränkt sich Natur nicht nur auf die biologische Umgebung, sondern wird häufig auf den ganzen wahrnehmbaren Kosmos ausgedehnt. So beschreibt ein Mann die Erfahrung mit dem nächtlichen Sternenhimmel und erlebt dabei ein Gefühl der Zugehörigkeit und einen »Hauch von Ehrfurcht«[14]. Das erleben die Männer auch bei den Angeboten der evangelischen Männerarbeit, so etwa beim Pilgern (Kap. 5), wo die ganzheitliche Wahrnehmung der Natur mit spirituellen Texten verbunden wird.

Männer erleben Natur zwar als positiv, aber sie deuten diese Erfahrungen nicht als hilfreich für die eigene Lebensbewältigung. Wenn es darauf ankommt, im Leben zu bestehen, ist »man« doch wieder auf sich selbst verwiesen. »Es ist alles gut und schön, aber erst mal, wenn's wirklich hart auf hart kommt, musst du selber schauen, wo du bleibst.«[15]

Für eine neu entdeckte »Schöpfungsspiritualität« plädiert Reiner Knieling und sieht darin einen wichtigen Anknüpfungspunkt für eine an Männern orientierte Religiosität.[16] Dabei bietet der Naturbegriff eine breite Vielfalt, von der Vorstellung eines irgendwie gearteten Göttlichen bis hin zu einer sinnvollen guten Schöpfung Gottes. Auf jeden Fall sollte dieser positive Bezug auch entsprechend gewürdigt werden. Er verbindet die Männer, auch wenn dahinter unterschiedliche Weltdeutungen sichtbar werden. Theologisch ließe sich im weiteren Nachdenken Schöpfung als ein Ort des göttlichen Erlebens einbringen, was natürlich auch mit einer dogmatischen Öffnung des protestantischen Verständnisses einhergehen müsste. Dies geschieht exemplarisch in den Gotteserfahrungen, die Männer in Natur- bzw. Schöpfungsbegegnungen ihrer Visionssuche machen (Kap. 9).

---

13 Engelbrecht 2005, S. 26.
14 Engelbrecht 2005, S. 29; vgl. auch Volz/Zulehner 2009, S. 266 ff.
15 Engelbrecht 2005, S. 31.
16 Knieling 2010; S. 116.

Männer wollen nicht von oben herab belehrt werden, sie wollen ernst genommen werden und suchen die theologische Begegnung unter Gleichen. Wenn ihre eigenen Erfahrungen und Gedanken nicht ehrlich gefragt sind, ziehen sie sich zurück. Daraus folgt für viele Männer: »Wenn schon nicht auf Augenhöhe mit den Repräsentanten der Kirche, dann lieber alleine. Auch spirituell alleine«[17]. Darum setzt evangelische Männerarbeit dem etwas entgegen. So können sich Männer bei Gottesdiensten zum Männersonntag (Kap. 1) ebenbürtig als Theologen einbringen und von ihren persönlichen spirituellen Erfahrungen berichten. Oder sie machen religiöse Erfahrungen auf ihrer Visionssuche (Kap. 9), die ernst genommen werden und von denen andere Männer lernen können. Selbst das Angebot »Bike With God« bietet die Möglichkeit, dass Männer körperliche Herausforderungen mit Lebens- und Glaubenserfahrungen verknüpfen (Kap. 13). Immer wieder zeigt sich, wie wichtig das praktische Tun ist, bei dem gleichzeitig – sozusagen en passant – über eigene Erfahrungen gesprochen wird. Exemplarisch wird an dem Angebot Sargbau-Kurs deutlich (Kap. 14), wo im gemeinsamen Arbeiten die eigene Endlichkeit ins Gespräch gebracht wird.

In der Studie von Zulehner und Volz zeigt sich ein insgesamt gewachsenes Interesse an Religion, auch was die Bewältigung des Alltags betrifft. Evangelische Männerbildung kann solche Räume für Transzendenzerfahrung zulassen, ohne dass sie sich in sozialen und kulturellen Bezügen erschöpft. Diese Begegnung mit dem »was uns unbedingt angeht« kann Orientierung bieten, gerade für moderne und suchende Männer, die offen für spirituelle Impulse sind und spüren, dass sie einen Halt brauchen. Und sie kann im positiven Sinne irritierend sein, vor allem für teiltraditionelle und konservative Männer, um ihnen neue und alternative Handlungsräume für Glaube und Religion vorzustellen.[18]

---

17 Tilmann Kugler/ Martin Hochholzer (Hg.): Werkbuch Männerspiritualität. Freiburg i. Br. 2007, S 23. Vgl. auch Knieling 2010., S. 118 ff., dort finden sich Beispiele für eine dogmatisch geöffnete Schöpfungstheologie.
18 Tim Bürger: Männerräume bilden – Männer und die evangelische Kirche in Deutschland im Wandel der Moderne. Berlin 2005, S. 270 ff.

4 Evangelische Männerbildung macht Kirche als Ort der Freiheit erlebbar

Der Kirche ist es wichtig, »dass ihre Macht erhalten bleibt, […] um nichts anders geht's ja, bitteschön.«[19] Dieses Zitat drückt sehr anschaulich die Erfahrung vieler Männer mit Kirche, Gemeinde und ihren Funktionsträgern aus. Nach den Interviews der Sinnstudie ereignet sich Männerleben zwischen den Gegensätzen von Selbst- und Fremdbestimmung. Dabei sind Orte der Fremdbestimmung v. a. der DDR-Staat (bei den befragten Ostdeutschen), die Kirchen (bei den Westdeutschen) und bei allen Männern die Berufswelt.[20] Kirche wird so zu einem Teilbereich der Welt, der als fremdbestimmt erlebt wird, im Gegensatz zu den Gegenwelten, wo die Männer aus den als bedrückend und belastend erlebten Alltagsbezügen aussteigen können.

Kirche wird als Hierarchie erlebt, wo wenig Offenheit und Meinungsvielfalt möglich sind, wo sie als Männer mit ihren sozialen, persönlichen und intellektuellen Kompetenzen kaum gefragt sind. Kirche wird weithin als Ort von Dienst und Gehorsam erlebt und noch zu wenig als Raum echter Solidarität. »Männer kritisieren erkennbar stärker (39 %) als Frauen (29 %), dass die Kirche die Freiheit des Menschen behindere.«[21] Zu diesem Erleben des Machtaspektes gesellt sich noch ein zweiter, wichtiger Punkt hinzu. Wo kommen die wichtigen Themen der Männer in Kirche und Gemeinde vor? Beziehungen, Vater-Sein, Familie, Partnerschaft, Beruf, Weltverantwortung? Hier gibt es einen »garstigen Graben« zwischen der Alltagswelt von Männern und den Angeboten und Themen einer Kirchengemeinde.

Wie können Männer Kirche stärker als Heimat, als dritten Ort neben Familie und Beruf, als Raum von Selbstbestimmung und männerbedeutsamen Themen erleben? Dazu braucht es eine echte Begegnung »auf Augenhöhe« mit der Institution und ihren Vertretern. Reiner Knieling drückt das sehr anschaulich aus, wenn er sich eine Kirche wünscht, »die sich ›auf Augenhöhe‹ einmischt, die zuhört *und*

---

19 Engelbrecht 2005, S. 80.
20 Engelbrecht 2005, S. 56.
21 Knieling 2010, S. 27.

spricht, die lernt *und* lehrt, die Positionen hat *und* beweglich ist.«[22] In diesem offenen und ehrlichen Begegnen haben auch die Fragen der Männer ihren Raum. Doch dazu braucht es neben den klassischen Angeboten (z. B. Vater-Kind-Wochenenden, Beratungsgruppen) auch niederschwellige Begegnungsmöglichkeiten, wo Männer miteinander ins Gespräch kommen, wo Vertrauen wachsen kann, wo Offenheit und Ehrlichkeit möglich werden. Darum ist ein Gottesdienst, bei dem Männer sich mit ihren eigenen Themen beteiligen, so wichtig (Kap. 1), aber ebenso die Tatsache, dass die Teilnehmenden eigene Gedanken und Fragen einbringen können. Oder der unterbrochene Gottesdienst auf der Männerrüste (Kap. 10), bei dem eben nicht von oben herab belehrt wird und sich ein offener Diskurs auf Augenhöhe entwickelt.

»Der Kontakt der Männer zueinander ist wichtig, viel wichtiger, als einen der weiteren männlichen Vorturner kennenzulernen.«[23] Männer können hier im Raum der Gemeinde ihre Erfahrungen teilen und erleben, dass sie mit ihren Fragen nicht allein sind. Darum kommt auch das Angebot »Man(n) trifft sich« (Kap. 15) so gut in den Gemeinden an. Die Männer erleben hier eine Kirche, die sich wirklich für sie interessiert, die hinhört und Gelegenheiten zum Gespräch und zur Begegnung anbietet.

Gemeinde kann so zu einer »Gegen-welt«[24] werden, die Männer aufsuchen, um frei von den Belastungen des alltäglichen Lebens und Konkurrenzkampfes neu aufzutanken. Und wenn sich Männer darüber hinaus mit ihren Gaben und Fähigkeiten, mit ihrer Kritik und Begeisterung »auf Augenhöhe« einbringen können, erleben sie Gemeinde als selbstbestimmten Ort von Freiheit, wohl auch von kreativer Auseinandersetzung und als Raum, in dem gemeinsam nach lebenstauglichen Lösungen gerungen wird. Ein Stück dieser Gegenwelt können die Männer in den Angeboten der evangelischen Männerarbeit erleben. Sei es in Form einer Auszeit beim Pilgern (Kap. 5), als Abstand vom Alltag beim Bogenschießen (Kap. 8) oder beim Motorsägen-Kurs (Kap. 10), in dem praktisches Tun, Gemeinschaftsgefühl und auch die spirituelle Dimension der Dankbarkeit zusammenfinden.

---

22 Knieling 2010, S. 71 (kursiv im Original).
23 Schnack/Neutling, zit. bei: Knieling 2010, S. 52.
24 Vgl. Engelbrecht 2005, S. 54 ff.

Oder die Männer erfahren einfach Spaß beim Bierbrauen (Kap. 11) und entdecken eine lutherische Kirche, die weder verknöchert noch »bierernst« ist, sondern sich auf ihre Interessen einlässt.

5 Männerbildung ermöglicht Engagement für männerpolitische Fragestellungen

Ein großes gesellschaftliches Problem ist die Tatsache, dass »gewalttätig« in der öffentlichen Wahrnehmung noch immer vorwiegend mit männlichem Verhalten verknüpft wird. In der Erhebung von 2008 sogar noch stärker als zehn Jahre zuvor.[25] Dem entsprechen empirisch viele Gewalterfahrungen durch Männer, auch im Bereich der Gewaltkriminalität, wobei hier mit einer hohen Dunkelziffer zu rechnen ist. Was durch die Männerstudien jedoch deutlicher ins Blickfeld geraten ist, zeigt sich bei den Opfern männlicher Gewalt. Denn darunter leiden sowohl Frauen als auch Männer. »Generell sehen Frau und Mann sich häufiger als Opfer denn als Akteurinnen/Akteure von Gewalt.«[26]

Angesichts dieser Gewalterfahrungen bringt evangelische Männerarbeit drei Grundüberzeugungen[27] in die Diskussion ein: Gott steht auf Seiten der Opfer, aber auch der umkehrbereiten Täter. Gewalteinsatz ist kein Lösungsweg und auch kein unentrinnbares Schicksal. Von hier aus lässt sich politisches wie auch praktisches Engagement begründen. Denn gewaltbereite Männer haben häufig selbst Gewalterfahrungen als Kinder in der eigenen Familie erlebt und geben diese weiter. Hinzu kommt, gerade bei jüngeren Männern, die Bedeutung von Gruppen Gleichgesinnter, die dieses Verhalten bestätigen und fördern. Hier kann eine dezidierte Vater-Kind- und auch Jugendarbeit mithelfen, diesen Kreislauf von erfahrener und weitergebender Gewalt zu durchbrechen. Hier tun sich neue Felder für die evangelische Männerarbeit auf, die noch weitgehend unbeackert sind. Möglicherweise Mentorenprogramme, wo ältere, erfahrene Männer den Jugendlichen heute Anleitung und Wertschätzung entgegenbringen können.

Neben individuellen Ursachen zeigt sich auch eine gesellschaft-

---

25 Volz/Zulehner 2009, S. 357.
26 Volz/Zulehner 2009, S. 359.
27 Volz/Zulehner 2009, S. 411.

lich begründete Gewaltsozialisation bei Männern als »Ausfluss von Geschlechterstrukturen«[28]. Hier kann evangelische Männerarbeit einen Beitrag leisten: Durch das Bewusst- und Öffentlich-Machen von Ursachen, durch das Anbieten positiver und alternativer Rollenbilder, sowie durch die Unterstützung kritischer Männerforschung. An vielen Stellen geschieht das bereits: Männerarbeit hilft mit, dass verkrustete Rollenbilder ins Wanken geraten. Beim Pilgern in der egalitären Männergruppe (Kap. 5) verlieren vorgefasste Rollenkonzepte an Relevanz – es können auch Verletzungen und Verwundungen besprochen werden. Oder bei »Bike With God« (Kap. 13) werden gängige Klischees von Männlichkeit in unserer Gesellschaft infrage gestellt und alternative Möglichkeiten erprobt. Ganz neue Wege geht die Männerarbeit im interreligiösen Dialog, etwa bei dem christlich-muslimischen Männertreff (Kap. 15.1), der auch politische Auseinandersetzung miteinschließt und ein selbstkritisches Nachdenken etwa über die Diskriminierung von Frauen fördert.

Dieses Thema fügt sich dann ein in den größeren Zusammenhang der Geschlechtergerechtigkeit. Evangelische Männerbildung sensibilisiert für Ungerechtigkeiten im Geschlechterverhältnis, deckt Diskriminierungen und Sexismus auf und setzt sich für eine Gleichbehandlung von Männern und Frauen ein. Das schließt eine kritische Wahrnehmung hegemonialer Männlichkeit und eine differenzierende Sicht auf die damit verbundene Unterdrückung von Frauen, aber auch von Männern, ein.

Zwei weitere Punkte seien hier nur angedeutet: die Frage nach der Vereinbarkeit von Pflege, Kindererziehung und Beruf, die sich für Männer stellt, wenn sie sich aufgrund ihrer familiären Situation um Kinder, Angehörige oder den Ehepartner kümmern wollen. Ebenso die Bemühungen um eine gerechte Behandlung von Scheidungsvätern in Sachen Umgangsrecht. Ein stärkerer Einsatz von Männern gerade in diesen Bereichen wäre ein wichtiger Beitrag zum männlichen Rollenwandel.

Volker Linhard, Religionspädagoge, M. A., ist Mitglied im Landesarbeitskreis der evangelischen Männerarbeit in Bayern (»forum männer«).

---

28 Volz/Zulehner 2009, S. 364.